Relations internationales

Tome II

Achevé d'imprimer en Avril 2006
sur les presses du ***Groupe Horizon***

Imprimé en France

BP 47 – 38040 Grenoble cedex 9
Tél. : 04 76 82 56 52 – Fax : 04 76 82 78 35
pug@pug.fr / www.pug.fr

ISBN 2 7061 1342 1

Josiane Tercinet

Relations internationales

Tome II. Les principaux acteurs et leur encadrement juridique

Presses universitaires de Grenoble

La collection « Le Droit en plus » est dirigée par Patrick Maistre du Chambon, professeur des Facultés de droit, Doyen honoraire de la faculté de droit de Grenoble, en liaison avec le département de télé-enseignement de la faculté de droit de Grenoble.

DANS LA MÊME COLLECTION

Bendjouya Georges, *Procédure civile*, 2001

Chianéa Gérard, *Histoire des institutions publiques de la France*
- Tome I – *Du démembrement à la reconstitution de l'État (476-1492)*, 1994
- Tome II – *Essor et déclin de l'État monarchique (1492-1789)*, 1995
- Tome III – *L'État moderne en formation (1789-1870)*, 1996

Conte Philippe, Maistre du Chambon Patrick, *La Responsabilité civile délictuelle*, 2000, 3e édition

Conte Philippe, Petit Bruno, *Les incapacités*, 1995, 2e édition

Euzéby Alain, *Introduction à l'économie politique*
- Tome I – *Concepts et mécanismes*, 2000, 2e édition
- Tome II – *Politiques économiques*, 1998

Gondouin Geneviève, Rouxel Sylvie, *Les institutions juridictionnelles*, 2004

Granet Frédérique, *Le Droit de la famille*, 1997

Leroy Paul, *Les Régimes politiques du monde contemporain*
- Tome I – *Les régimes politiques des États libéraux*, 2001
- Tome II – *Les régimes politiques des États socialistes et des États du tiers-monde*, 2003
- Tome III – *Le régime politique et l'organisation administrative de la France*, 2001

Maistre du Chambon Patrick, *Droit des obligations. Régime général*, 2005

Montanier Jean-Claude,
- – *Les Régimes matrimoniaux*, 2003, 4e édition ;
- – *Le Contrat*, 2006, 4e édition

Montanier Jean-Claude, Samuel Geoffrey, *Le Contrat en droit anglais*, 1999

Montain-Domenach Jacqueline, avec la collaboration de Chantal Dufresne, *Droit des collectivités territoriales*, 1997

Petit Bruno
– *Introduction générale au droit*, 2006, 6e édition
– *Les personnes*, 2003, 3e édition

Radé Christophe, *La Responsabilité civile contractuelle – Les quasi-contrats*, 2001

Rousset Michel et Olivier, *Droit administratif*
Tome I – *L'Action administrative*, 2004, 2e édition
Tome II – *Le Contentieux administratif*, 2004, 2e édition

Saintourens Bernard, *Droit des affaires*, 2002, 2e édition

Salvage Philippe, *Droit pénal général*, 2001, 5e édition

Salvage-Gerest Pascale, *Les Sûretés*, 1994

Simler Philippe, *Les Biens*, 2001, 2e édition

Souweine Carole, *Droit des entreprises en difficulté*, 2004

Tauran Thierry, *Droit de la sécurité sociale*, 2000

Tercinet Josiane, *Relations internationales*
Tome I – *La scène internationale contemporaine*, 2006

SIGLES ET ABRÉVIATIONS

AFDI	Annuaire français de droit international
AG	Assemblée générale
AGNU	Assemblée générale des Nations unies
AIEA	Agence internationale de l'énergie atomique
CDI	Commission du droit international
CEDEAO	Communauté économique des États de l'Afrique de l'Ouest
CEI	Communauté des États indépendants
CICR	Comité international de la Croix-Rouge
CIJ	Cour internationale de justice
CPA	Cour permanente d'arbitrage
CPI	Cour pénale internationale
CPJI	Cour permanente de justice internationale
CS	Conseil de sécurité
ECOSOC	Conseil économique et social
FAO	Organisation pour l'alimentation et l'agriculture
FIDA	Fonds international pour le développement agricole
FMP	Force de maintien de la paix
FORPRONU	Force de protection des Nations unies
5 P	Les cinq membres permanents du Conseil de sécurité
FUNU I	Première force d'urgence des Nations unies
FUNU II	Deuxième force d'urgence des Nations unies
FYROM	Ex-république yougoslave de Macédoine
GPRA	Gouvernement provisoire de la République algérienne

GPRF	Gouvernement provisoire de la République française
LEA	Ligue des États arabes
MINURSO	Mission des Nations unies pour le référendum au Sahara occidental
OACI	Organisation de l'aviation civile internationale
OEA	Organisation des États américains
OIG	Organisation intergouvernementale
OIT	Organisation internationale du travail
OLP	Organisation de libération de la Palestine
OMC	Organisation mondiale du commerce
OMP	Opération de maintien de la paix
OMPI	Organisation mondiale de la propriété industrielle
OMS	Organisation mondiale de la santé
OMT	Organisation mondiale du tourisme
ONG	Organisation non gouvernementale
ONUC	Opération des Nations unies au Congo
ONUDI	Organisation des Nations unies pour le développement industriel
OSCE	Organisation pour la sécurité et la coopération en Europe
OTAN	Organisation du traité de l'Atlantique Nord
OUA	Organisation de l'unité africaine
PIB	Produit intérieur brut
PMA	Pays les moins avancés
PVD	Pays en voie de développement
RASD	République arabe sahraouie démocratique
RDC	République démocratique du Congo
Rec	Recueil

RFY	République fédérale de Yougoslavie (Serbie et Monténégro)
RPC	République populaire de Chine
RSA	Recueil des sentences arbitrales
RSA	République sud-africaine
RSFY	République socialiste fédérative de Yougoslavie
SDN	Société des nations
TIDM	Tribunal international du droit de la mer
TNP	Traité de non-prolifération des armes nucléaires
TPIR	Tribunal pénal international pour le Rwanda
TPIY	Tribunal pénal international pour l'ex-Yougoslavie
UA	Union africaine
UCK	Armée de libération du Kosovo
UE	Union européenne
UNESCO	Organisation des Nations unies pour l'éducation, la science et la culture
ZEE	Zone économique exclusive

Deuxième partie

Les principaux acteurs des relations internationales et sujets de droit international : un encadrement juridique perfectible

Après l'examen sous l'angle politique des multiples acteurs de la scène internationale – ou mondiale – contemporaine et de leur jeu, le propos de cette deuxième partie est d'analyser, sous l'angle juridique, certains des principaux acteurs qui sont en même temps des sujets de droit international (État, organisations intergouvernementales) ainsi que les principes généraux qui régissent les relations entre les États. Il s'agit d'une approche sélective car il n'est pas question de traiter ici de l'ensemble des sujets de droit international et du droit international, abordés progressivement dans le cursus d'études juridiques.

Les sujets de droit international public sont les entités à la fois titulaires de droits et obligations internationaux mais aussi de la capacité de les mettre en œuvre et d'en obtenir l'application. Les plus importants sont l'État, longtemps seul sujet de droit international, et les organisations intergouvernementales ci-après désignées organisations internationales. L'individu devient de plus en plus sujet de droit international. Il est d'abord sujet de droit interne et il peut être objet de droit international en vertu de toutes les conventions internationales conclues par les États intéressant son statut : nationalité, jeu de la protection diplomatique, investissements, établissement sur le territoire d'un État. Il ne dispose généralement pas lui-même de la possibilité d'obtenir directement l'application de la règle de droit international : il doit passer par l'intermédiaire de l'État. Aujourd'hui, toutefois, dans le domaine de la protection des droits de l'homme, il dispose souvent, sur la base des engagements pris par les États, d'un accès direct à des mécanismes internationaux de protection juridictionnels ou parajuridictionnels et il est susceptible d'être soumis à des systèmes d'engagement de sa responsabilité pénale internationale devant des tribunaux spéciaux comme le Tribunal pénal international pour l'ex-Yougoslavie ou pour le Rwanda (TPIY, TPIR) ou comme la Cour pénale internationale (CPI). De manière ponctuelle certes, mais de façon de plus en plus dense, l'individu est ainsi titulaire passif ou actif de droits et obligations d'origine internationale ; il reste cependant encore un sujet dérivé et mineur de droit international.

De même dans le cadre de la décolonisation, les *peuples* et les mouvements de libération nationale qui les représentent sont des sujets, mineurs, de droit international : ils bénéficient du droit à exercer leur autodétermination et à lutter *par tous les moyens* pour elle, de la possibilité de posséder un statut d'observateur offrant d'importants avantages au sein des organisations internationales, notamment aux Nations unies. C'est le cas de l'OLP (Organisation de libération de la Palestine) qui reçoit en 1974 un statut d'observateur aux effets étendus au sein de l'ONU. Sans modifier ce statut, l'Assemblée générale change, après la proclamation de l'État de Palestine par le Conseil national de l'OLP le 15 novembre 1988, l'appellation de l'OLP en celle de *Palestine* par la résolution A/43/77 avant de lui conférer une sorte de statut de super-observateur en juillet 1998 (résolution A/52/250). Depuis la Déclaration de principes sur les arrangements intérimaires d'autonomie signés à Washington en septembre 1993 entre Israël et l'OLP, concrétisée partiellement par plusieurs accords intervenus depuis lors, l'Autorité palestinienne constitue un État en puissance, bénéficiant à tout le moins d'une personnalité juridique internationale assez perfectionnée.

À la liste des sujets de droit international mineurs peuvent encore être ajoutées les entreprises privées habilitées à saisir le Centre international pour le règlement des différends relatifs aux investissements (CIRDI), organisation intergouvernementale, sur la base de la convention éventuellement conclue entre deux États en matière d'investissement. Les ONG dotées d'un statut d'observateur dans certaines OIG commencent leur ascension vers la qualité de sujets de droit international, quand elles ne le sont pas déjà au titre de certaines de leurs compétences, comme la Croix-Rouge internationale. Tous ces sujets ne seront donc pas étudiés ici. Mais dans le dessein de privilégier une approche d'initiation au droit international, seront abordés successivement les principes du droit international intéressant les relations entre les États (chapitre I), l'État et les relations interétatiques (chapitre II) et les organisations internationales à travers l'exemple de l'Organisation des Nations unies (chapitre III).

Chapitre I

Les principes du droit international intéressant les relations entre les États

Ces principes sont ceux qui ont fait l'objet d'une sorte de codification dans la résolution 2625 du 24 octobre 1970 intitulée « Déclaration relative aux principes du droit international touchant les relations amicales et la coopération entre les États » (*cf.* tome I, p. 82) : le principe de non-recours à la force et son corollaire, le principe du règlement pacifique des différends (section I), le principe de non-intervention (section II), le principe du droit des peuples à disposer d'eux-mêmes (section III), le principe de l'égalité souveraine (section IV). Ces principes intéressent aussi l'action des organisations internationales.

Section I
Le principe de non-recours à la force et son corollaire, le principe du règlement pacifique des différends

Ces principes figurent dans la Charte des Nations unies. L'article 2, § 3 stipule : « Les membres de l'Organisation règlent leurs différends internationaux par des moyens pacifiques... » et l'article 2, § 4 : « Les membres de l'Organisation s'abstiennent, dans leurs relations internationales, de recourir à la menace ou à l'emploi de la force... »

§1 – LE PRINCIPE DE NON-RECOURS À LA MENACE OU À L'EMPLOI DE LA FORCE

Le droit international pendant longtemps ne prohibe pas le recours à la force. Sont parfaitement licites le recours à la guerre comme aux représailles, celles-ci désignant des ripostes, d'envergure plus limitée que ce qu'implique la notion de guerre, à un comportement considéré comme irrégulier.

La Convention Drago-Porter (*cf.* tome I, p. 30) crée les premières hypothèses d'interdiction partielle du recours à la force. Le pacte de la SDN en étend le champ de l'interdiction sans la rendre absolue (*cf.* tome I, pp. 33 et s.). Les représailles armées restent licites mais il résulte de la sentence arbitrale rendue en juillet 1928 dans l'affaire de Naulilaa que cette licéité est enserrée dans certaines limites: les représailles doivent être dirigées contre l'État auteur de l'acte illicite, proportionnées à l'acte illicite contre lequel elles réagissent, n'être employées qu'en cas de nécessité, c'est-à-dire d'impossibilité d'obtenir le redressement de la situation par d'autres moyens et après des sommations restées infructueuses. Peu après, le pacte de renonciation générale à la guerre, dit pacte Briand-Kellogg du 27 août 1928 interdit tout recours à la guerre sans viser les représailles. L'étape suivante est constituée par l'article 2, §4 de la Charte des Nations unies interdisant tout type de recours à la force mais aussi à la menace d'emploi de la force, ce qui est difficile à caractériser. La formulation n'est guère explicite et c'est pourquoi l'effort de précision réalisé par la résolution 2625 ou par la résolution 3314 du 14 décembre 1974 portant définition de l'agression n'est pas inutile. Qu'est-ce qui est interdit? Existe-t-il des cas de recours licite à la force?

A. La portée de l'interdiction

L'interdiction du recours à la force vise l'emploi de la force armée: guerre, représailles ou toute autre forme d'utilisation des armes; s'il prend la forme d'une agression, c'est-à-dire, selon la résolution 3314, d'un acte d'« une gravité suffisante », celle-ci peut être directe (utilisation des forces armées régulières d'un État) ou indirecte (forces irrégulières, mercenaires, subversion sous la forme d'une aide à des actes de guerre civile ou de terrorisme). Ainsi caractérisée, l'interdiction du recours à la force est considérée par la Cour internationale de justice (CIJ) comme une règle coutumière (Affaire des activités militaires et paramilitaires au Nicaragua et contre celui-ci, 1986, § 187 à 192) ; la Commission du droit international (CDI), organe des Nations unies de codification du droit international, la range dans les exemples de normes impératives ne souffrant aucune dérogation, dites normes de *jus cogens* ; dans l'affaire du Nicaragua, la CIJ ne la qualifie pas expressément de norme impérative mais se contente de relever la prise de position de la CDI ainsi que celle des parties (Nicaragua et États-Unis) pour qui cette règle appartient au *jus cogens*, c'est dire l'importance qui semble bien être celle de cette prohibition. Pour le moment elle ne s'étend pas à l'emploi de la contrainte économique ou idéologique bien que cette extension ait été souhaitée par les pays communistes à l'époque des blocs et par certains pays du tiers-monde.

B. Les cas de recours licite à la force

Le recours à la force armée reste licite dans deux séries d'hypothèses : lorsqu'il est autorisé par le Conseil de sécurité pour maintenir ou rétablir la paix internationale au titre du chapitre VII de la Charte des Nations unies (*cf.* p. 192) et en cas de situation de légitime défense. Cette dernière possibilité est un peu comme la langue d'Esope : la meilleure et la pire des choses, car si elle n'est pas contenue dans des limites précises, elle autorise tous les débordements. L'exception de légitime défense a une origine coutumière (affaire du Nicaragua, § 193 à 201), relativement malaisée à caractériser, qui subordonne sa validité à une réaction nécessaire et proportionnée à une attaque ou agression armée. Depuis l'adoption de la Charte des Nations unies, la règle a aussi une origine conventionnelle : l'article 51 de la Charte, qui s'applique en principe à tous les membres de l'Organisation (191), soit la quasi-totalité des États ; au cas où un

État écarterait par une réserve son application à un différend (cas des États-Unis dans l'affaire du Nicaragua), la CIJ estime que la règle coutumière trouve alors à s'appliquer, mais hors un tel cas, l'article 51 détermine largement le droit applicable. Celui-ci consacre le « droit naturel de légitime défense individuelle et collective » : un État peut faire appel à un ou plusieurs États ou à une organisation (du type de l'OTAN), sur la base ou non d'un accord préalable. La mise en œuvre de ce droit suppose que l'État « est l'objet d'une agression armée ». Agression avérée, agression imminente ou agression vraisemblable ? C'est toute la question de la légitime défense préventive ou préemptive. Certains États n'hésitent pas à se prévaloir de l'utilisation préventive (Israël, États-Unis, République sud-africaine à l'époque de l'apartheid). Cette thèse pourrait trouver une justification dans le fait que le principe de non-recours à la force prohibe aussi la menace de l'emploi de la force ; l'exception au principe devrait donc s'appliquer aussi bien dans le cas de la simple menace, donc préventivement, que dans celui de l'emploi de la force concrétisé. Comment priver l'État de réagir à une menace, elle-même condamnée par le droit ? Cependant l'article 51 n'évoque pas la *menace* d'agression et les prises de positions de la grande majorité des États ou de la doctrine[1] sont défavorables à la légitime défense préventive car celle-ci dénaturerait inéluctablement le principe de non-usage de la force ; d'autre part, on voit mal comment combiner l'action préventive et les principes de nécessité et de proportionnalité. Quid alors de la légitime défense *préemptive*, en cas de menace imminente ? Sur ce point, les points de vue apparaissent plus divers. Certes, c'est le plus souvent une réponse négative qui est apportée, mais il y a des points de vue discordants. Faut-il attendre d'être touché quand il est *manifestement* évident – pour transposer la notion

1. La CIJ décide qu'elle « ne se prononcera pas sur ce sujet » dans l'affaire du Nicaragua, les parties ne l'invoquant pas (§ 194) ; de même dans l'affaire des activités armées sur le territoire du Congo (République démocratique du Congo C. Ouganda), dans laquelle cependant elle semble exiger que les actes justifiant la légitime défense aient « déjà eu lieu » (arrêt du 19 décembre 2005, § 143).

française d'*erreur manifeste* – que le coup va partir ? Cela « semble quelque peu irréaliste[2] ». Cela le devient particulièrement en matière de terrorisme car la seule action efficace contre lui est la prévention, la défense contre une menace non réalisée : une fois qu'il a frappé, soit le terroriste est mort en commettant l'attentat, soit il s'évanouit dans la nature ; certes la légitime défense peut alors prendre l'allure d'une traque sur le modèle, si l'on peut dire, de l'opération *Liberté immuable* en Afghanistan depuis octobre 2001, après le 11 septembre : l'écoulement du temps donne la mesure de son inefficacité. C'est pourquoi le rapport du Groupe de personnalités de haut niveau sur les menaces, les défis et le changement créé à l'initiative du Secrétaire général des Nations unies en septembre 2003, rendu en décembre 2004 sous le titre « Un monde plus sûr : notre affaire à tous » (document A/59/565), s'il écarte le recours à l'action préventive (§ 189, 190, 191) estime (§ 188), exagérant quelque peu le caractère établi de l'affirmation : « Traditionnellement, en droit international, un État menacé peut lancer une opération militaire à condition que l'agression dont il est menacé soit *imminente.* » Certes, il ne s'agit que du point de vue d'un Groupe de seize personnalités ; mais le niveau de leur compétence et le retentissement présumé de leur travail ne laissent aucun doute quant à son sérieux et à son caractère réfléchi. On peut y voir le reflet d'un virage amorcé, auquel se rallie, avec prudence le professeur Antonio Cassese dans son commentaire de l'article 51 de la Charte dans : *La Charte des Nations unies, commentaire article par article* (ouvrage dirigé par Jean-Pierre Cot, Alain Pellet et Mathias Forteau, Economica, 2005, pp. 1342 et 1360). Certes il est évident qu'il conviendrait d'être très mesuré et prudent dans l'admission d'une *dose d'imminence* en matière de légitime défense.

Le terrorisme soulève une autre question : celle du destinataire de la riposte. S'en tenant à une approche très classique, très interétatique, la CIJ, dans son avis du 9 juillet 2004 sur les Conséquences juridiques de l'édification d'un mur dans le territoire palestinien occupé, évoque (§ 139) l'« agression armée

2. Joe Verhoeven, *Droit international public*, Bruxelles, Larcier, 2000, p. 684.

d'un État contre un autre État » ; est-ce à dire qu'en dehors du terrorisme d'État, il serait impossible de réagir contre un réseau terroriste, certes sans doute localisable sur le territoire d'un ou plusieurs États, mais aussi en haute mer ou dans l'espace aérien international ? On sent là que le phénomène de réseaux éventuellement déconnectés de l'État met en difficulté le droit international classique. Comme le souligne Raphaëlle Rivier dans son étude de l'avis de la CIJ : « L'objet du droit international [...] tend aujourd'hui à dépasser ce cadre purement interétatique » (AFDI, 2004, p. 335).

L'article 51 exige que les mesures prises en légitime défense soient immédiatement portées à la connaissance du Conseil de sécurité et qu'elles ne soient utilisées que « jusqu'à ce que le Conseil de sécurité ait pris les mesures nécessaires pour maintenir la paix et la sécurité internationales ». La légitime défense répond donc au principe de subsidiarité : elle ne joue que tant que le Conseil de sécurité ne réagit pas lui-même ; la mise en œuvre du mécanisme de sécurité collective exige nécessairement un peu de temps : c'est celui de la légitime défense ; ensuite elle perd droit de cité. Il se peut aussi que l'organe de la sécurité collective n'agisse pas et que se prolonge l'action en légitime défense de l'État : cas des États-Unis en Afghanistan. Après tant de temps, est-ce encore de la légitime défense ou de l'action préventive ?

§2 – LE PRINCIPE DU RÈGLEMENT PACIFIQUE DES DIFFÉRENDS

C'est le corollaire du principe de non-recours à la force : si les États n'ont pas le droit d'utiliser les armes, ils ne peuvent régler leurs différends que de manière pacifique.

À vrai dire, ce principe est surtout générateur d'une obligation négative : dès lors que des États veulent vider une querelle, ils ne peuvent le faire autrement que pacifiquement. Sous cette forme, la CIJ (affaire du Nicaragua, §290) y voit un principe complémentaire de celui de non-recours à la force et de valeur coutumière. En revanche les États ne sont pas tenus de régler un différend et peuvent le laisser pendant aussi longtemps qu'ils le souhaitent; cette attitude attentiste pourra être préférée par un État qui se sent en position d'infériorité par rapport à l'autre partie. Cependant, la résolution 2625 prévoit que les États « doivent… rechercher rapidement une solution équitable de leurs différends internationaux » sans que des conditions de délais soient précisées, ce qui ne donne guère de force à l'affirmation. Les États ont le choix des moyens, juridictionnels ou non, faisant appel ou non à des tiers (*cf.* tome I, pp. 27-30).

Le principe peut devenir contraignant s'il existe un traité, une clause ou une déclaration prévoyant le règlement obligatoire du différend selon tel ou tel procédé; encore faut-il que toutes les parties au différend soient liées et que des réserves ne vident pas l'engagement de toute portée.

Section II
Le principe de non-intervention

Il est caractérisé dans la résolution 2625 comme « le principe relatif au devoir de ne pas intervenir dans les affaires relevant de la compétence nationale d'un État ».

Son contenu apparaît simple et pourtant ses contours sont malaisés à déterminer.

§1 – Le contenu du principe

L'intervention est le fait pour un État de pénétrer dans la sphère de compétence exclusive d'un autre pour l'aider à régler une affaire, la régler à sa place ou l'obliger à la régler d'une certaine manière, par l'emploi direct ou indirect de la force, ou par des pressions politiques ou économiques; le principe a donc des frontières communes avec le principe de non-recours à la force mais les deux ne se recoupent pas totalement. La CIJ note dans l'affaire du Nicaragua (§207) que « d'après les formulations généralement acceptées, ce principe interdit à tout État ou groupe d'États d'intervenir directement ou indirectement dans les affaires intérieures ou extérieures d'un autre État. L'intervention interdite doit donc porter sur des matières à propos desquels le principe de souveraineté des États permet à chacun d'entre eux de se décider librement. Il en est ainsi du choix du système politique, économique, social et culturel et de la formulation des relations extérieures. L'intervention est illicite lorsqu'à propos de ces choix, qui doivent demeurer libres, elle utilise des moyens de contrainte. »

L'origine du principe est relativement récente bien qu'il soit lié à la souveraineté et à l'égalité des États dégagées à l'époque des traités de Westphalie (1648). En effet, au XIXe siècle les grandes puissances se reconnaissent le droit d'intervenir, au moins collectivement (Concert européen), pour maintenir un certain ordre. L'idée de non-intervention surgit avec la doctrine de Monroe formulée en 1823 non sans ambiguïté puisque si le président américain fait savoir que son pays n'interviendra pas dans les affaires des États européens et que ceux-ci devront faire de même pour les affaires du continent américain tout entier, lui-même ne prétend pas l'appliquer au sous-continent latino-américain ; il s'agit d'une non-intervention à géométrie variable. Le principe apparaît véritablement durant l'entre-deux – guerres mondiales dans le contexte interaméricain (affaire du Nicaragua, § 204). Il sert de justification aux États comme la France ou le Royaume-Uni qui ne veulent pas se mêler de la guerre civile espagnole en 1936. On le retrouve après 1945 dans la Charte de l'OUA (1963) ou dans la déclaration finale de la Conférence de Bandoung en 1955. La Charte des Nations unies ne le mentionne pas comme obligation pesant sur les États, mais sur l'Organisation ; c'est le célèbre article 2, § 7 : « Aucune disposition de la présente Charte n'autorise les Nations unies à intervenir dans les affaires qui relèvent essentiellement de la compétence nationale d'un État... » En tant qu'obligation pesant sur les États, le principe est développé dans la résolution de l'AG A/2131 (XX) du 21 décembre 1965 (109 voix pour et une abstention, celle du Royaume-Uni) et réaffirmé dans la résolution 2625. Il est consacré comme règle coutumière par la CIJ dans l'affaire du Nicaragua au § 202 : « Le principe de non-intervention met en jeu le droit de tout État souverain de conduire ses affaires sans ingérence extérieure ; bien que les exemples d'atteinte au principe ne soient pas rares, la Cour estime qu'il fait partie intégrante du droit international coutumier » (il est rappelé au § 264).

Si le principe apparaît indiscutable, il existe cependant des incertitudes quant à ses contours exacts dans la mesure où les États invoquent des justifications juridiques à certaines formes d'interventions.

§2 – La délicate détermination des contours du principe

La question de la licéité de l'intervention est posée dans trois séries d'hypothèses : celle des interventions pratiquées pour faire respecter le droit international, celle des interventions dites *consenties*, celle des interventions à finalité humanitaire, la plus complexe.

A. L'intervention pratiquée pour faire respecter le droit international

La société internationale n'étant encore que très imparfaitement institutionnalisée, en l'absence d'un système de sanction sociale organisée en cas de violation du droit (absence de juridiction totalement obligatoire, de l'équivalent d'un parquet ou d'une action populaire pour dénoncer les manquements), les États invoquent parfois leur souci d'obtenir l'application du droit international pour justifier telle ou telle intervention. Par exemple, la France et le Royaume-Uni invoquent, entre autre, en 1956 la nécessité de faire respecter la liberté de navigation dans le canal de Suez garantie par traité pour justifier leur opération militaire ; aux Nations unies, cette thèse n'a guère rencontré de soutien mais elle n'a pas été expressément condamnée non plus. Pourtant quelques années auparavant, la CIJ s'est clairement prononcée contre ce type d'argument dans l'affaire du détroit de Corfou (Royaume-Uni c / Albanie, 1949). Des navires britanniques ayant été endommagés en octobre 1946 par des mines immergées dans les eaux territoriales albanaises du détroit de

Corfou, la marine britannique procède les 12 et 13 novembre au déminage contre la volonté de l'Albanie en invoquant l'« extrême urgence » de « mettre la main, dans le plus bref délai possible, sur les *corpora delicti* par crainte que ceux-ci fussent enlevés sans laisser de trace par les auteurs du mouillage ou par les autorités albanaises ». L'intervention est donc justifiée par la nécessité de s'assurer de moyens de preuve, ce que la Cour refuse : « La Cour ne peut admettre un tel système de défense. Le prétendu droit d'intervention ne peut être envisagé par elle que comme la manifestation d'une politique de force, politique qui dans le passé a donné lieu aux abus les plus graves et qui ne saurait, quelles que soient les déficiences présentes de l'organisation internationale, trouver aucune place dans le droit international. L'intervention est peut-être moins acceptable encore dans la forme particulière qu'elle présentait ici, puisque, réservée par la nature des choses aux États les plus puissants, elle pourrait aisément conduire à fausser l'administration de la justice internationale elle-même. » L'intervention est donc illicite en pareil cas.

B. L'intervention sollicitée

Il s'agit de l'intervention pratiquée à la suite d'une demande d'assistance d'un État, éventuellement, ce qui la conforte, sur la base d'un accord de défense ou d'assistance mutuelle du type du pacte de Varsovie ou du traité de l'Atlantique Nord ou encore des accords de défense comme ceux conclus par la France avec certains États d'Afrique. Il y a donc en pareil cas consentement de l'État sur le territoire duquel l'intervention est pratiquée puisqu'il la sollicite, d'où l'appellation souvent utilisée d'intervention *consentie*, bien qu'en pareil cas l'adjectif *sollicitée* soit plus satisfaisant. L'argument est souvent invoqué par les intervenants : France en Afrique à plusieurs reprises, notamment en Côte-d'Ivoire en 2002, URSS en 1956 en Hongrie, en 1968 en Tchécoslovaquie. Il est recevable, à certaines conditions. La CIJ estime dans l'affaire du Nicaragua, que l'intervention « peut être justifiée par la demande d'un gouvernement » (§ 246). Encore faut-il que la demande émane d'un gouvernement légal, d'autorités ayant constitutionnellement le droit de représenter l'État. Or le demandeur n'est parfois pas nommé, ou bien il s'agit d'une personne se prévalant de la légitimité et non de la légalité, ce qui fait douter de la validité de la démarche. En outre, un gouvernement amené à solliciter une aide extérieure ne répond pas à l'exigence d'effectivité et il est peut-être en voie de perdre sa légitimité. Aussi pour conforter leur demande d'assistance, les gouvernements invoquent la nécessité de lutter contre une subversion, une agression indirecte ou directe d'origine étrangère, ce qui permet de glisser vers la situation de légitime défense collective dans le cas d'une agression ; encore faut-il en prouver l'existence.

En cas de guerre civile, l'assistance est-elle possible à l'égard des insurgés ? Sous réserve de l'exception de lutte contre le colonialisme (*cf.* p. 41) une réponse généralement négative est apportée tant par la doctrine que par la jurisprudence. Dans l'affaire du Nicaragua, la CIJ estime (§ 246) : « On voit mal… ce qui resterait du principe de non intervention en droit international si l'intervention, qui peut déjà être justifiée par la demande d'un gouvernement, devait aussi être admise à la demande de l'opposition de celui-ci. Tout État serait ainsi en mesure d'intervenir à tout coup dans les affaires intérieures d'un autre État, à la requête, tantôt de son gouvernement, tantôt de son opposition. Une telle situation ne correspond pas, de l'avis de la Cour, à l'état actuel du droit international. » La Cour privilégie ainsi la légalité, le gouvernement en place, sur la légitimité, certes éventuelle, de l'opposition. Aussi pour certains membres de la doctrine l'intervention devrait-elle dans les deux cas être exclue (résolution de l'Institut de droit international en 1975) ou admise (professeur Pinto) afin de ne pas créer de dissymétrie entre opposition et gouvernement et de ne pas faire jouer au droit international un rôle de conservateur des situations acquises.

C. L'intervention à finalité humanitaire

Elle revêt historiquement des visages différents.

1. L'intervention d'humanité

Dans les siècles passés a souvent été pratiquée par un ou plusieurs États l'intervention dite d'humanité pour protéger des groupes de personnes menacées sur le territoire d'un autre État, sans que la condition du lien de nationalité avec l'intervenant soit nécessaire. Au XIXe siècle ont ainsi été exercées des interventions de la part des États européens occidentaux pour protéger des ressortissants chrétiens persécutés par l'Empire ottoman. À l'époque, le principe de non-intervention n'est pas consacré. Toutefois, *a posteriori*, ces pratiques sont dénoncées car elles sont discriminatoires : il y a ceux que l'on protège et ceux que l'on néglige et elles servent souvent de prétexte à une expédition destinée à affaiblir et dominer un État en position d'infériorité.

2. L'intervention pour protéger des ressortissants

Au XXe siècle, nombre d'interventions ont été expliquées par la nécessité de protéger des ressortissants menacés sur le territoire d'un autre État qui ne peut ou ne veut leur venir en aide. Au début du siècle, ces actions apparaissent comme licites sous réserve de respecter certaines limites : menace imminente pour la sécurité des ressortissants, carence des autorités locales, limitation de l'intervention à son objet (sentence rendue par Max Huber dans l'affaire des Réclamations britanniques dans la zone espagnole au Maroc, 1924). Après la deuxième guerre mondiale, la pratique devient fréquente : France et Royaume-Uni à Suez en 1956 (l'argument est invoqué parmi d'autres), opération américano-belge sur Stanleyville Paulis (Congo) en 1964, États-Unis à Saint-Domingue en 1965 (argument supplétif), raid israélien sur l'aéroport d'Entebbé (Ouganda) en 1976, France à Kolwezi en 1978, États-Unis à Tabas (Iran) en avril 1980, Égypte sur l'aéroport de Malte en 1985, France au Gabon en 1990 ou en Côte-d'Ivoire en 2002 (où l'intervention française a plusieurs finalités : protection des ressortissants, prévention de nouveaux combats).

Plus que douteuse lorsque l'argument n'est invoqué qu'à titre supplétif, même dans les autres hypothèses la licéité de ces opérations semble devenue de plus en plus problématique. Elle semble devoir être admise lorsque le gouvernement de l'État territorial la sollicite comme dans l'affaire de Kolwezi, du Gabon ou de Côte-d'Ivoire, bien que, à chaque fois des doutes subsistent sur la totale neutralité des effets de l'opération quels qu'en soient les objectifs ; se posent alors les questions relatives à l'intervention sollicitée (*cf.* p. 22-23). En l'absence de demande de l'État territorial, après une phase d'hésitation sur la licéité, l'évolution va dans le sens du refus. Lors du raid sur l'aéroport d'Entebbé, au Conseil de sécurité saisi de la question par l'Ouganda, Israël et les États-Unis affirment la validité de l'opération mais la France et le Royaume-Uni se montrent réservés, avec quelque embarras. Dans l'affaire des otages américains en Iran, la CIJ dans son arrêt relatif à l'affaire du personnel diplomatique et consulaire des États-Unis à Téhéran (1980) exprime le « souci » que lui inspire l'incursion américaine, observe qu'elle n'est pas saisie de sa licéité mais qu'elle est de nature à nuire au respect du règlement judiciaire dans la mesure où elle intervient alors que la Cour est déjà saisie du différend (§ 92 à 94). La Convention internationale contre la prise d'otages adoptée en décembre 1979 prohibe dans son article 4 l'emploi de la force pour libérer des otages, rien ne justifiant la violation de l'intégrité territoriale des États, à laquelle les États du tiers – monde sont très attachés car les interventions sont généralement pratiquées sur leurs territoires. Il semble donc que dans ce domaine, le principe de non-intervention se soit renforcé, ce qui paraît paradoxal à une époque où ne cesse d'être prônée l'intervention humanitaire.

3. *L'intervention humanitaire*

a. Le renouvellement de la question

Cette question est devenue un pont aux ânes du droit international depuis une vingtaine d'années en liaison avec la survenance récurrente de catastrophes naturelles ou technologiques (explosion de la centrale nucléaire de Tchernobyl en avril 1986) et de la multiplication de conflits, souvent d'origine identitaire, menaçant la sécurité des populations (ex-Yougoslavie, région des Grands Lacs en Afrique, etc.). A alors émergé la revendication d'un principe d'ingérence humanitaire, du droit à l'ingérence ou à l'intervention humanitaire (pour l'État qui la pratique), du droit à l'assistance humanitaire (pour la population en détresse) qui postule un devoir d'assistance, d'ingérence à leur égard : du droit, on passerait à l'obligation d'agir. L'intervention peut revêtir des visages divers : action des ONG ou OIG venant soigner et nourrir les populations, sauveteurs envoyés par les États en cas de catastrophe naturelle ou technologique, opération d'assistance à des populations par des militaires (réalisation d'hôpitaux de campagne, aide alimentaire, sanitaire...) mais aussi sécurisation par des militaires d'opérations civiles d'assistance conduites par des ONG ou OIG ; on glisse ainsi insensiblement du civil au militaire et les deux s'interpénètrent assez souvent sur le terrain. Au regard du droit international, la question est de savoir si un État pris individuellement ou des États ou des organisations, gouvernementales ou non, peuvent sans entrave intervenir sur le territoire d'un État sans avoir à recueillir son consentement : c'est seulement si la réponse est oui que l'on peut parler d'un droit d'intervention. Sinon, une forme d'action est possible en dehors de tout accord de l'État destinataire s'il existe une menace pour la paix internationale justifiant une intervention dans le cadre du mécanisme de sécurité collective au centre duquel sont placées les Nations unies et plus spécialement le Conseil de sécurité. Il ne s'agira pas, alors, d'une intervention constituant une exception au principe de non-ingérence mais d'une opération de paix, celle-ci étant entendue dans un sens très large et intéressant moins l'État que la population.

Certes dans sa décision relative à l'affaire du Nicaragua, la CIJ estime : « Il n'est pas douteux que la fourniture d'une aide strictement humanitaire à des personnes ou à des forces se trouvant dans un autre pays, quelles que soient leurs affiliations politiques ou leurs objectifs, ne saurait être considérée comme une intervention illicite » (§ 242) et elle insiste fortement sur la nécessité de la non-discrimination en s'appuyant sur les principes de la Croix-Rouge (§242 et 243), qui précisément n'intervient qu'avec l'accord de l'État hôte; en effet l'article 9 des trois premières Conventions de Genève de 1949 et l'article 10 de la quatrième sont libellés de manière identique: « Les dispositions de la présente Convention ne font pas obstacle aux activités humanitaires que le CICR… entreprendra, …moyennant l'agrément des Parties au conflit intéressées » et l'article 27 de la Convention I relatif aux Sociétés de pays neutres présente une formule semblable. La position de la Cour en 1986 semble en avance par rapport aux positions des États telles qu'elles se manifestent notamment à l'AGNU. En 1987, à l'occasion d'une Conférence internationale de droit et morale humanitaire réunissant à Paris philosophes, juristes, journalistes, médecins et autres personnalités favorables à la consécration d'un droit à l'assistance humanitaire, le Premier ministre français accepte de proposer un projet de résolution à l'AGNU allant dans ce sens. La promesse est tenue et un projet est déposé, fort respectueux de la souveraineté de l'État; il débouche sur la résolution A/43/131 du 8 décembre 1988 sur l'« assistance humanitaire aux victimes des catastrophes naturelles et autres situations d'urgence du même ordre », ce qui englobe sans doute les catastrophes d'ordre technologique mais ne vise les situations de guerres internes que de manière incertaine; le texte ne consacre nullement un droit à l'assistance ou à l'ingérence mais invite les États à faciliter l'accès des organisations d'assistance humanitaire aux victimes des catastrophes. Deux ans après, le 10 décembre 1990, l'AG, dans la résolution 45/100 prévoit la possibilité de créer, à titre temporaire, par concertation entre les gouvernements touchés, les gouvernements et organisations internationales disposés à intervenir, des couloirs d'urgence pour distribuer l'aide d'urgence et elle invite le Secrétaire général à établir une liste d'experts et organismes compétents pour distribuer l'aide humanitaire d'urgence auxquels l'ONU peut s'adresser avec le consentement des État intéressés pour évaluer les besoins et les conditions d'acheminement de l'aide. On ne saurait être plus respectueux des compétences des États.

Ce paysage classique va être repeint aux couleurs des Nations unies au gré des circonstances de crises qui surgissent. Une étude des principaux cas permet de comprendre l'évolution de la communauté internationale face aux situations d'urgence humanitaire.

b. Étude de cas

* L'opération *Provide comfort* au Kurdistan irakien

Ce premier cas est lié à l'après-guerre du Golfe II (celle qui correspond au conflit Irak / Koweït) qui voit l'Irak se livrer à une répression sévère des populations kurdes, au nord, et chiites, au sud, qui manifestent leur volonté de s'émanciper à l'occasion du conflit. Le Conseil de sécurité (CS) adopte alors le 5 avril 1991 la résolution 688 (10 voix pour, 3 contre : Cuba, Yemen, Zimbabwe et 2 abstentions : Chine et Inde) qui caractérise les violations de frontières auxquelles sont conduits les Kurdes pour fuir de menace pour la paix et la sécurité ; utilisant le vocabulaire du chapitre VII sans s'y référer expressément, le Conseil exige que l'Irak mette fin à la répression, insiste pour qu'il « permette un accès immédiat des organisations humanitaires internationales à tous ceux qui ont besoin d'assistance », prie le Secrétaire général d'utiliser tous les moyens à sa disposition pour faire face aux besoins des populations et « lance un appel à tous les États membres et à toutes les organisations humanitaires pour qu'ils participent à ces efforts d'assistance humanitaire ». Sur la base de ce texte, novateur, est lancée par les États-Unis, la France et le Royaume-Uni une opération d'assistance humanitaire conduite par leurs forces armées appelée *Provide comfort* : c'est la première opération humanitaire imposée en pratique, quoique la 688 soit peu explicite ; elle est en même temps sélective puisqu'elle ne vient en aide qu'aux Kurdes et pas aux Chiites, politiquement embarrassants à cause de leur proximité géographique et religieuse avec l'Iran. Peu après, l'AGNU crée en 1991 un poste de coordinateur de l'aide humanitaire mais la résolution, du 19 décembre, mentionne les principes de souveraineté et d'intégrité territoriale et prévoit que l'aide humanitaire suppose le consentement du pays et « en principe » son appel.

* Le cas de la Bosnie-Herzégovine

En 1992, l'évolution se poursuit à l'occasion du conflit en ex-Yougoslavie. La résolution du CS 770 du 13 août 1992 considère que la situation en Bosnie menace la paix internationale, que « l'aide humanitaire à la Bosnie-Herzégovine représente un élément important de l'effort qu'il déploie en vue de rétablir la paix et la sécurité internationales dans la région » et exhorte, sur la base du chapitre VII, les États à prendre toutes les mesures pour faciliter l'acheminement de l'aide humanitaire. Puis c'est la FORPRONU (Force de protection des Nations unies déjà créée par la résolution 743 de février 1992 pour la Croatie) qui est chargée de cette tâche par la résolution 776 du 14 septembre 1992, à savoir sécuriser l'acheminement de l'aide humanitaire et protéger les convois de détenus libérés à la demande du CICR ; une force des Nations unies reçoit ainsi un mandat exclusivement humanitaire pour l'un des pays sur lesquels s'étend son mandat (pour la Croatie, le mandat est militaire). Plus tard, la résolution 836 du 4 juin 1993 autorise la création de zones de sécurité en Bosnie-Herzégovine et la FORPRONU peut recourir à la force en cas d'attaque contre une zone. L'humanitaire conduit ainsi au militaire *dur*, du moins sur le papier.

* L'opération *Restore hope* en Somalie et ses suites

Le drame de la Somalie, devenue un État déliquescent après la chute du président Siyaad Barré en janvier 1991, fait encore franchir un nouveau pas au traitement *humanitaro-militaire* des crises. La résolution 794 (unanimité) du 3 décembre 1992, prise sur la base du chapitre VII pour instaurer des conditions de sécurité pour les opérations de secours humanitaires (les convois étaient pillés), autorise les États qui coopèrent à l'opération à employer « tous les moyens nécessaires » : le Conseil autorise une opération de police musclée contre les bandes armées qui entravent l'action humanitaire ; c'est l'opération *Restore hope* sous commandement américain. Il s'agit de la première force multinationale explicitement autorisée par le Conseil de sécurité à conduire une opération humanitaire ; elle est suivie de nombreuses autres, dotées d'un mandat en tout ou en partie à finalité humanitaire : Rwanda (*Turquoise* sous commandement français) en 1994 ; Zaïre, 1996, opération autorisée, non déployée (un commandement canadien est prévu) ; Albanie, 1997 (*Alba*, sous commandement italien) ; Timor oriental, 1999 (*Interfet*, commandement australien) ; Afghanistan, 2001 (ISAF, pour Force internationale de stabilisation en Afghanistan, commandement divers : Royaume-Uni, OTAN) ; Haïti, 1994 puis 2004 (commandement américain dans les deux cas) ; dans une certaine mesure, mais la part de l'activité humanitaire est faible : Irak, 2003 (résolution 1511, § 13, commandement américain). Dans toutes ces hypothèses, une opération à finalité humanitaire est conduite sur la base d'une autorisation du Conseil de sécurité après qu'il ait établi l'existence d'une menace pour la paix internationale : c'est la mise en œuvre du mécanisme de la sécurité collective et non d'un principe d'intervention humanitaire.

* Le cas du Kosovo

Le *risque* d'une intervention humanitaire a cependant été couru dans l'affaire du Kosovo qui mérite quelque attention. Les ingrédients de la crise kosovare sont présents dès 1989 avec la suppression du statut d'autonomie (*cf.* tome I, p. 108). En 1996 débutent les attentats commis par l'UCK (armée de libération du Kosovo) ; la répression s'étend et prend à partir de mars 1998 la forme d'un début de nettoyage ethnique contre la population albanophone de la part du gouvernement de la RFY dirigée par Slobodan Milosevic. Par la résolution 1160 du 31 mars 1998 (adoptée avec l'abstention de la Chine), le CS condamne l'usage de la force par la police contre les civils comme les actes de terrorisme de l'UCK et sur la base du chapitre VII impose des « sanctions » ; le 23 septembre 1999, dans la résolution 1199 (abstention de la Chine) le Conseil de sécurité, préoccupé par l'afflux de réfugiés en Albanie, affirme que la détérioration de la situation constitue une menace pour la paix, exige la fin des hostilités ainsi que des mesures pour améliorer la situation humanitaire et décide d'examiner une action ultérieure en cas d'insuccès : le Conseil ne baisse donc pas les bras. Dans la résolution 1203 du 24 octobre 1999 adoptée cette fois avec l'abstention de la Chine et de la Russie, il condamne la poursuite des violences, se dit préoccupé par l'imminence d'une catastrophe humanitaire et, affirmant que la situation fait peser une menace sur la région, il approuve des accords préalablement intervenus entre la RFY et l'OSCE et entre la RFY et l'OTAN pour créer une Mission de vérification de l'OSCE (du départ et du désarmement des milices et combattants) et d'une Mission de vérification aérienne de l'OTAN. À partir de ce moment-là, les abstentions chinoise et russe font comprendre que toute résolution plus contraignante à l'égard de la RFY se heurtera au veto de ces deux membres permanents, au nom du principe de non-intervention. Le 30 janvier 1999 le Groupe de contact (Allemagne, États-Unis, France, Grande-Bretagne, Italie, Russie) convoque Serbes et Kosovars au château de Rambouillet afin qu'ils négocient et parviennent à une solution entre le 6 et le 23 février 1999. Le même jour à Bruxelles, une déclaration du Conseil de l'Atlantique nord avertit qu'en cas d'échec de la conférence de Rambouillet et de non-respect de l'accord d'octobre 1998 sur le retrait des forces, l'OTAN est prête à prendre les mesures nécessaires « pour éviter une catastrophe humanitaire » et « décide que le Secrétaire général de l'OTAN peut autoriser des frappes aériennes contre des objectifs situés sur le territoire de la RFY » ; il s'agit évidemment d'exercer une forte pression sur la RFY mais d'un autre côté, l'OTAN s'enferme dans ses propres exigences : si elle n'intervient pas en cas d'échec, elle perd la face. Les négociations piétinent et après un report du délai, échouent. Comme il n'est pas question pour l'OTAN de perdre toute crédibilité pour l'avenir, son Secrétaire général donne l'ordre le 23 mars 1999 de pratiquer les frappes aériennes annoncées car : « Nous devons empêcher un régime autoritaire de continuer à réprimer son peuple en Europe à la fin du XXe siècle. C'est pour nous un devoir moral. » Ainsi, au nom de considérations humanitaires et morales, des frappes aériennes sont pratiquées entre le 24 mars et le 10 juin 1999 sans autorisation du Conseil de sécurité, un peu au nom de l'idée que nécessité fait loi ou que la fin justifie les moyens. Qu'en penser ? Les opérations prennent la forme d'une véritable guerre avec des bombardements massifs délibérés sur des cibles choisies et non, comme cela a été le cas jusque-là, de recours à la force de manière ultime en cas d'impossibilité pour une force de paix de s'acquitter de son mandat. En l'absence d'une autorisation du CS, est violé l'article 53 de la Charte des Nations unies qui prévoit très clairement : « Aucune action coercitive ne sera entreprise en vertu d'accords régionaux ou par des organismes régionaux sans l'autorisation du Conseil de sécurité. » Le silence forcé du CS ne vaut certainement pas acquiescement, car sinon, chaque fois que le Conseil est paralysé par la menace ou l'exercice d'un veto, n'importe quel État pourrait contourner ce dernier et, agissant, faire *acquiescer* le Conseil : ce serait dénaturer le système du veto, que l'on peut déplorer mais qui est le droit de la Charte. Pourrait-on alors considérer que l'action de l'OTAN constitue une tentative de faire évoluer le droit international de manière à consacrer, en cas de crise humanitaire, la primauté du respect du droit humanitaire sur la souveraineté des États et sur la Charte des Nations unies dont l'article 103 ne consacre la préséance que sur le droit conventionnel et non sur le droit coutumier ? Pourrait conduire à aller dans ce sens le rejet par 12 voix, le 26 mars 1999, au CS d'une proposition de résolution de la Russie condamnant l'intervention de l'OTAN. Mais la CIJ, dans son ordonnance du 2 juin 1999 rendue sur la demande de mesures conservatoires introduite par la RFY le 29 avril 1999 contre 10 pays impliqués dans les opérations militaires sur son sol et qu'elle rejette faute de compétence *prima facie*, déclare être « fortement préoccupée par l'emploi de la force en Yougoslavie ; que dans les circonstances actuelles, cet emploi soulève des problèmes très graves de droit international » (§ 17) ; elle précise au § 48 : « Considérant que les États... demeurent en tout état de cause responsables des actes contraires au droit international qui leur seraient imputables » et au § 50 : « Considérant que lorsqu'un tel différend suscite une menace contre la paix, une rupture de la paix ou un acte d'agression, le Conseil de sécurité est investi de responsabilités spéciales en vertu du chapitre VII de la Charte » ; la Cour n'approuve pas l'argument de la primauté des considérations d'ordre humanitaire sur la Charte[3]. Dans son rapport pour 1999, le Secrétaire général de l'ONU souligne au § 113 que « les mesures de coercition qui sont prises sans l'autorisation du Conseil de sécurité portent atteinte à l'existence même du système de la Charte des Nations unies. Seule la Charte offre une base juridique universellement acceptée pour le recours à la force ». Lors du débat à l'Assemblée générale sur ce rapport du Secrétaire général en septembre 1999, seule une dizaine d'États accepte la justification des opérations militaires par des considérations humanitaires. Les autres sont sceptiques ou opposés. Le ministre français des Affaires étrangères reconnaît, alors que la France a participé activement à l'opération, que 150 États « considèrent avec circonspection un droit d'intervention qui leur paraît d'inspiration occidentale ». Il est difficile de concevoir que le principe d'interdiction du recours à la force, vraisemblablement norme impérative, donc indérogeable, doive céder devant un prétendu principe d'intervention à des fins humanitaires.

c. L'émergence du devoir de protéger

Il n'existe donc pas un droit d'intervention à des fins humanitaires pour les États pris individuellement ou des groupes d'États ou des organisations régionales et encore moins des ONG. L'Acte constitutif de l'Union africaine adopté le 11 juillet 2000 à Lomé rappelle dans l'article 4 relatif aux principes dans son § g la non-ingérence d'un État membre dans les affaires intérieures d'un autre État. Inversement, est possible une action autorisée par le CS à but humanitaire dès lors qu'il existe une menace pour la

3. La Cour s'est déclarée incompétente dans cette affaire le 15 décembre 2004 par des décisions controversées en raison de la motivation adoptée.

paix. La résolution 1296 du 19 avril 2000 du CS estime dans son §5 : « Les pratiques prenant pour cibles des civils ou les atteintes graves au droit humanitaire peuvent constituer une menace pour la paix et la sécurité internationales. » Ainsi la question doit moins être vue sous l'angle de l'ingérence que du rétablissement de la paix et en avril 2000 une conférence du Groupe des 77 (80 % de la population mondiale) à La Havane condamne « le prétendu droit humanitaire » mis en avant par les grandes puissances pour justifier des interventions dans certains pays. Toutefois, l'Acte constitutif de l'UA affirme dans l'article 4, §h le droit de l'Union d'intervenir dans un État membre sur décision de la Conférence, dans certaines circonstances graves, à savoir : les crimes de guerre, le génocide et les crimes contre l'humanité. Le recours à la force n'est pas prévu pour autant mais c'est un pas remarquable de la part des pays africains particulièrement attachés à la non-intervention, dans le sens de l'admission d'une certaine dose d'ingérence quand l'inacceptable est commis. Le Conseil de sécurité a par ailleurs tenu deux journées de discussion les 10 et 11 mai 2002 sur « la responsabilité de protéger » les populations en détresse humanitaire ; autrement dit, l'organe susceptible d'autoriser et d'imposer une opération coercitive commence à s'interroger sur l'existence d'une obligation de sa part d'utiliser les mécanismes dont il est investi en cas de crise humanitaire. Il ne devrait plus se contenter de disposer de pouvoirs et de les mettre en œuvre au gré des circonstances et de la bonne volonté de ses membres, notamment permanents. Serait en cours d'élaboration une règle contraignante d'utilisation qui devrait mettre fin au traitement sélectif des situations. L'idée vient de franchir une étape supplémentaire lors du Sommet mondial réunissant du 14 au 16 septembre 2005 à New York 146 chefs d'États et de gouvernement à l'occasion du 60e anniversaire des Nations unies. Dans le document final, les participants soulignent que si c'est à chaque État qu'incombe de protéger les populations du génocide, des crimes de guerre, du nettoyage ethnique et des crimes contre l'humanité, ils sont prêts à « mener en temps voulu une action collective résolue, par l'entremise du Conseil de sécurité, conformément à la Charte, notamment son chapitre VII, au cas par cas et en coopération, le cas échéant, avec les organisations régionales compétentes, lorsque les moyens pacifiques se révèlent inadéquats et que les autorités nationales n'assurent manifestement pas la protection de leurs populations » (résolution A/60/1, § 138-140) ; par suite, l'AG doit poursuivre l'examen du devoir de protéger et des conséquences qu'il implique : de l'idée d'une responsabilité de protéger, notion relevant à la fois de la morale et de la catégorie des obligations secondaires liées à la violation d'une obligation primaire, on glisse ainsi vers l'obligation primaire (devoir) de protéger créée à la communauté des États par l'intermédiaire du Conseil de sécurité. Ce n'est pas l'idéal car l'organe est restreint et dominé par les membres permanents titulaires du droit de veto, mais c'est tout de même un progrès puisque cela est l'expression d'une volonté de mettre fin à l'indifférence à l'égard de toute détresse, où qu'elle se produise.

Section III
Le principe du droit des peuples à disposer d'eux-mêmes

Son origine remonte à la Révolution française. Le titre VI de la Constitution du 3 septembre 1791 « Des rapports de la Nation française avec les Nations étrangères » dispose : « La Nation française renonce à entreprendre aucune guerre dans la vue de faire des conquêtes, et n'emploiera jamais ses forces contre la liberté d'aucun peuple. » Sous l'influence de la France se développera au XIXe siècle le principe des nationalités selon lequel les nations ont vocation à être érigées en États et qui favorisera les unités allemande et italienne ; ce principe ne s'applique pas aux populations coloniales.

La paternité du principe du droit des peuples à proprement parler est généralement attribuée au président américain Wilson, notamment grâce à son message en 14 points prononcé le 8 janvier 1918 devant les deux chambres réunies en Congrès dont le 5e point est libellé : « Arrangement libre, dans un esprit large et absolument impartial, de toutes les revendications coloniales, basé sur le respect strict du principe qu'en réglant toutes les questions de souveraineté, les intérêts des populations intéressées devront peser d'un poids égal avec les demandes équitables du gouvernement dont le titre sera à définir. » Le libellé s'avère, en terme de droit des peuples, assez décevant : ce n'est pas un message franchement favorable à la décolonisation. Il est précisé dans le discours prononcé à nouveau par Wilson devant le Congrès le 11 février 1918 dans le 2e paragraphe : « Les peuples et les provinces ne doivent pas faire l'objet de marchés et passer de souveraineté en souveraineté, comme s'ils étaient de simples objets ou de simples pions d'un jeu, même du grand jeu, maintenant à jamais discrédité de l'équilibre des forces » ; la formulation est généreuse, mais elle vise autant les peuples européens dans l'après-guerre que les populations coloniales. La même remarque peut être faite à propos de la Charte de l'Atlantique adoptée par le président américain et le Premier ministre britannique réunis le 14 août 1941 (et préparant déjà l'après deuxième guerre mondiale) sur un croiseur au large de Terre-Neuve et dans laquelle ils font savoir au paragraphe 3 qu'« ils respectent le droit qu'ont tous les peuples de choisir la forme de gouvernement sous laquelle ils entendent vivre, et ils désirent voir restituer, à ceux qui en ont été privés par la force, leurs droits souverains et leur autonomie ». À l'initiative, semble-t-il de l'Union soviétique, le principe est inscrit dans la Charte des Nations unies, et même à deux reprises : à l'article 1, §2 et à l'article 55 sous la forme du « principe de l'égalité de droits des peuples et de leur droit à disposer d'eux-mêmes ». Jusque-là aucun contenu n'est précisé. Une « étape importante » de l'évolution du droit international à l'égard des territoires non autonomes est, selon la CIJ dans son avis consultatif sur la Namibie (1971) « Conséquences juridiques pour les États de la présence continue de l'Afrique du Sud en Namibie », franchie avec la résolution A/1514 du 14 décembre 1960, « Déclaration sur l'octroi de l'indépendance aux pays et peuples coloniaux » ; celle-ci est complétée par la résolution A/1654/1961 créant, dans son prolongement le Comité de décolonisation. Le principe est encore évoqué à l'article 1er de chacun des deux Pactes internationaux relatifs l'un aux droits civils et politiques, l'autre aux droits économiques, sociaux et culturels, adoptés le 16 décembre 1966 et entrés en vigueur le 23 mars 1976 pour le premier et le 3 janvier 1976 pour le second. Le principe est longuement commenté dans la résolution 2625 du 24 octobre 1970 et il est enrichi dans la résolution 1803 (1962) « Souveraineté permanente sur les ressources naturelles » par l'affirmation d'un « droit des peuples sur leurs ressources naturelles ».

Ces affirmations nombreuses, répétées du principe, l'effort de précision effectué par certains textes sont très vite considérés comme le signe de l'expression d'une *opinio juris* révélatrice d'une règle coutumière et non d'une simple prise de position politique, doublée d'une pratique à travers la décolonisation. Dans son avis sur la Namibie (1971) la CIJ estime que l'évolution du droit international a fait de l'autodétermination un « principe applicable à tous ces territoires [non autonomes] » (§52) et elle évoque la « coutume » (§53) ; elle reprend cette affirmation dans l'avis sur le Sahara occidental (1975) (§55 et s. et elle se réfère aussi à la 2625 au §58). Dans l'affaire relative au Timor oriental (arrêt du 30 juin 1995), la CIJ affirme au §29 qu'il s'agit « d'un des principes essentiels du droit international contemporain » et qu'il est opposable *erga omnes*[4]. La Cour, dans son avis consultatif du 9 juillet 2004 « Conséquences juridiques de l'édification d'un mur dans le territoire palestinien occupé » réaffirme qu'au nombre des obligations *erga omnes* violées par

4. La Cour est saisie en 1991 par le Portugal d'une requête tendant à engager la responsabilité de l'Australie pour avoir porté atteinte au droit du peuple timorais à disposer de lui-même et à sa souveraineté permanente sur ses ressources naturelles, et aux compétences du Portugal en tant que puissance administrante, en concluant le 11 décembre 1989 avec l'Indonésie un accord intéressant l'exploitation du plateau continental dans la zone du Timor Gap. La Cour, toutefois, s'estime incompétente, car pour se prononcer sur la demande du Portugal, elle devrait statuer sur la licéité du comportement de l'Indonésie ; or celle-ci n'a pas consenti à la compétence de la Cour. La CIJ conclut d'ailleurs (§35) en observant « qu'elle a pris note… du fait que pour les deux parties, le territoire du Timor oriental demeure un territoire non autonome et son peuple a le droit de disposer de lui-même ».

Israël figure l'obligation de respecter le droit du peuple palestinien à l'autodétermination (§ 155).

Le principe du droit des peuples constitue donc un principe juridique coutumier et certains en font même une règle de *jus cogens*. Dans son rapport sur le droit des traités, la Commission du droit international le fait figurer dans la liste d'exemples de normes impératives (*Annuaire de la CDI*, 1966, vol. II, p. 270). La Commission d'arbitrage pour l'ex-Yougoslavie considère dans son avis n° 1 du 29 novembre 1991 (§ 1. e *in fine*) que « les normes impératives du droit international général, et en particulier le respect des droits fondamentaux de la personne humaine et des droits des peuples et des minorités, s'imposent à toutes les parties » ; mais qualifier ainsi le droit des peuples comme celui des minorités est probablement excessif en l'état actuel[5]. Si le droit des peuples à disposer d'eux-mêmes signifie le droit à l'autodétermination, quels peuples peuvent en bénéficier ? Quel est le contenu du droit à l'autodétermination ?

§ 1 – La notion de *peuple* au sens du principe du droit des peuples

La notion intéresse les peuples coloniaux en chemin vers l'autodétermination externe et ce sont les seuls qui peuvent revendiquer le bénéfice de ce droit. Les autres *peuples* en sont exclus.

Les peuples intégrés dans un État n'en bénéficient pas et ne peuvent faire sécession. La résolution 1514 l'énonce dans son § 6 : « Toute tentative visant à détruire totalement ou partiellement l'unité nationale et l'intégrité territoriale d'un pays est incompatible avec la Charte des Nations unies. » La 2625 est plus précise et souligne que le principe ne saurait être interprété comme autorisant une action qui démembrerait tout État souverain « se conduisant conformément au principe », c'est-à-dire doté « d'un gouvernement représentant l'ensemble du peuple appartenant au territoire sans distinction de race, de croyance ou de couleur » ; cela revient à interdire la sécession en dehors du

5. P. Daillier et A. Pellet, *Droit international public*, LGDJ, 7e éd., p. 659.

contexte colonial. Au nom de cette conception a, par exemple, été rejetée par les nouveaux États indépendants la sécession du Biafra par rapport au Nigeria en 1967-1970. Mais elle n'a pas été interdite aux pays issus de l'URSS dans un contexte pacifique ou de la Yougoslavie dans un contexte d'affrontement lié au refus par le gouvernement central de la sécession. Sous ces réserves, de taille, les peuples intégrés dans un État réputé non colonial ne peuvent au mieux qu'exercer un droit à l'autonomie *interne* c'est-à-dire à la démocratie, non un droit à l'autonomie externe conduisant à la sécession.

En tant que populations *intégrées* dans un État, quoique parfois avec difficulté, les minorités ne se voient pas reconnaître de droit à l'autodétermination externe mais certains droits à l'identité culturelle, ce qui revient à dissocier le droit des minorités du droit des peuples à l'autodétermination, contrairement à l'avis n° 1 de la Commission d'arbitrage pour la Yougoslavie mentionnant à la fois les peuples et les minorités.

Il en va de même des peuples autochtones, les peuples *premiers* ou indigènes, pour qui semblent devoir être préservés leur identité, leur droit à leurs terres et à leurs ressources naturelles. Ainsi au Canada est créé le 1er avril 1999 le Nunavut (« notre terre »), pays des Inuits bénéficiant d'une large autonomie, voisine de celle des autres entités de l'État fédéral, intéressant environ 25 000 habitants sur un territoire de 2 millions de km^2.

Quant aux peuples situés sur le territoire d'États dans lesquels ils ne se reconnaissent pas, comme les Kurdes répartis sur le territoire de cinq États, les Tibétains (Chine), les Karens (Birmanie), ils ne se voient reconnaître aucun droit particulier et ne sont pas traités ainsi que des populations coloniales, comme si seuls pouvaient être colonisateurs les pays occidentaux.

La Cour suprême du Canada estime ainsi dans sa décision de renvoi relatif à la sécession du Québec du 20 août 1998 : « Le droit à l'autodétermination en droit international donne tout au plus ouverture au droit à l'autodétermination externe dans le cas des anciennes colonies » (§ 138).

Comment, dès lors, définir les peuples coloniaux ? La résolution 1514 les caractérise comme les peuples soumis « à une subjugation, à une domination et à une exploitation étrangères ». L'expression est reprise par la 2625 qui précise : « Le territoire d'une colonie ou d'un autre territoire non autonome possède… un statut séparé et distinct de celui du territoire de l'État qui l'administre. » En outre, les deux textes évoquent la distinction en fonction de la race, de la croyance, de la couleur (la 1514 au §2 du préambule, la 2625 au §6 *in fine* du développement consacré au principe). Il en ressort que la séparation géographique (théorie de *l'eau salée)* de même que les caractéristiques ethniques, religieuses, culturelles différentes constituent un indice de la relation coloniale mais que le critère le plus certain est celui du régime politique, juridique discriminatoire au sens négatif. Les Nations unies ont étendu le droit à l'autodétermination aux peuples soumis à une occupation étrangère (peuple palestinien) ou à un régime de discrimination raciale (Afrique australe). En somme, comme le précise la Cour suprême du Canada dans la décision précitée : « Dans ces trois situations [colonisation, occupation, ségrégation raciale] le peuple en cause jouit du droit à l'autodétermination externe parce qu'on lui refuse d'exercer, à l'interne, son droit à l'autodétermination. » En quoi consiste ce droit à l'autodétermination externe ?

§2 – Le contenu du droit des peuples coloniaux à l'autodétermination

Son examen conduit à se pencher successivement sur ses modalités d'exercice et sur sa portée.

A. Les modalités d'exercice du droit à l'autodétermination

La décolonisation se présente comme un processus dont le déclenchement prive le colonisateur de certains droits. La sentence arbitrale rendue le 31 juillet 1989 dans l'affaire de la frontière maritime entre la Guinée-Bissau et le Sénégal estime que « le colonisateur ne pourrait conclure après le déclenchement d'un processus de libération nationale, des traités portant sur des éléments essentiels du droit des peuples » (*RGDIP*, 1990, pp. 236-237).

Ce processus est facilité par l'intervention des organisations internationales qui jouent un rôle d'identification / légitimation des mouvements de libération nationale en les reconnaissant ou du moins en leur accordant des statuts d'observateurs, d'abord les organisations régionales (OUA, LEA) puis les Nations unies.

Quant à son déroulement, il est plus ou moins aisé selon que la puissance coloniale accepte l'exercice du droit ou non. Juridiquement, elle n'a pas le choix car le droit de l'un crée le devoir de l'autre : « Soumettre un peuple à la domination… étrangère… est contraire à la Charte… Tout État a le devoir de s'abstenir de recourir à toute mesure de coercition qui priverait le peuple de son droit » (résolution 2625). La 1514 affirme : « Il sera mis fin à toute action armée et à toutes mesures de répression… dirigées contre les peuples » pour leur permettre d'exercer « pacifiquement » leur droit. Si cet exercice pacifique s'avère impossible, la résolution 2621 (1970) établissant un programme d'action pour la mise en œuvre de la 1514 affirme le droit des peuples coloniaux « de lutter par tous les moyens nécessaires contre les puissances coloniales » réprimant leurs aspirations et la 2625 prévoit qu'ils « réagissent et résistent » aux mesures de coercition ; les peuples reçoivent ainsi le droit de recourir à la force alors que celui-ci est normalement prohibé et « ils sont en droit de chercher et de recevoir un appui ». L'aide apportée par des tiers ne constitue donc pas une intervention illicite. La question de savoir si elle peut prendre la forme d'une action armée n'est pas tranchée clairement. La 2625 prévoit simplement que cet « appui » doit être conforme aux buts et aux principes de la Charte, mais sans invoquer l'article 51 relatif à la légitime défense qui ne semble pas applicable. D'un autre côté, les guerres de libération nationale ne sont pas considérées comme des guerres civiles, internes, mais des conflits armés internationaux. Selon le Protocole additionnel I aux Conventions de Genève, de 1977[6], à l'article 1er, §4, figurent parmi les conflits armés internationaux ceux « dans lesquels les peuples luttent contre la domination coloniale et l'occupation étrangère et contre les régimes racistes ». En conséquence, les membres des mouvements de libération nationale bénéficient de la protection que le droit humanitaire accorde aux combattants.

Que le processus se déroule pacifiquement ou pas, doit-il déboucher sur une consultation populaire ? Certes une telle consultation correspond à l'idée d'« autodétermination », de « volonté librement exprimée des peuples » comme l'indique la CIJ dans son avis du 16 octobre 1975 relatif au Sahara occidental (§59). Si elle semble souhaitable, et elle a souvent été pratiquée, elle n'est pas indispensable et la Cour relève à la suite que l'Assemblée générale dans certains cas « n'a pas cru devoir exiger la consultation des habitants de tel ou tel territoire », notamment quand il apparaît, en raison des circonstances, qu'elle serait sans nécessité. Elle peut être remplacée par le vote d'une assemblée ou l'accord des représentants d'un mouvement de libération nationale.

B. La portée du droit à l'autodétermination

Sur quoi l'autodétermination va-t-elle déboucher ? La résolution 1514 affirme qu'en vertu de ce droit de « libre détermination », les peuples « déterminent librement leur statut politique ». La 2625 précise que ce droit peut conduire à la création d'un État souverain et indépendant, à l'association avec ou l'intégration dans un État indépendant ou tout autre statut librement décidé. En pratique, c'est presque toujours la création d'un État indépendant qui est choisie mais en 1984, le peuple des îles Cook décide par référendum du rattachement à l'Australie.

En revanche, les deux résolutions posent avec force que l'exercice du droit ne doit pas « détruire... l'unité nationale ou l'intégrité territoriale d'un État ou d'un pays ». Il s'agit de maintenir l'intégrité de ce qui a été une dépendance coloniale, de respecter le

---

6. La loi autorisant la France à adhérer à ce Protocole est publiée au *Journal officiel* du 31 janvier 2001.

principe de l'*uti possidetis juris*, c'est-à-dire de ne pas remettre en cause le découpage territorial de la période coloniale de manière à éviter la *balkanisation* des territoires précédemment dépendants : sécession sur sécession ne vaut. La difficulté s'est parfois présentée. Ainsi le Bangladesh devient-il indépendant en 1971 ayant fait, à la suite d'une guerre, sécession par rapport au Pakistan avec l'appui de l'Inde ; il n'est admis aux Nations unies qu'en 1974 après la levée du veto chinois opposé en 1972. D'autres tentatives tournent court : celles du Katanga par rapport au Congo ex-belge (république démocratique du Congo actuelle) ou du Biafra par rapport au Nigeria, ou bien elles sont dénoncées : cas de l'île de Mayotte dont la population, consultée à trois reprises (décembre 1974, février et avril 1976) refuse l'intégration aux Comores et souhaite rester française ; l'AGNU dénonce le résultat de ces consultations comme portant atteint à l'intégrité territoriale des Comores (Rés. A/31/4, 21 octobre 1976) ; cela s'est produit en raison de l'organisation du référendum île par île de l'archipel des Comores.

Le droit des peuples n'intéresse pas que le choix du statut politique ; il a aussi une composante économique sous la forme du droit des peuples sur leurs ressources naturelles explicité par la résolution A/1803, 1962. Ce droit concerne le peuple avant l'accession à l'indépendance ; ensuite, l'État l'exerce au nom du peuple. Il permet de préserver les droits de la future collectivité étatique et d'empêcher l'exploitation excessive par la puissance coloniale.

Le potentiel du principe du droit des peuples coloniaux est aujourd'hui largement épuisé. Il reste peu de territoires dépendants. Ils sont 16 à figurer sur la liste des territoires coloniaux du Comité de décolonisation, la plupart du temps de modeste dimension et/ou peu peuplés, hormis le Sahara occidental et la Nouvelle-Calédonie ; certaines situations coloniales ne sont pas répertoriées, comme les territoires de Ceuta et Melilla au Maroc. Le principe garde donc encore un intérêt et sa mise en œuvre est encore périodiquement sur l'agenda. Ainsi le 30 août le peuple du Timor oriental (Timor Leste aujourd'hui) exerce son droit à disposer de lui-même par une consultation populaire organisée et supervisée par la Mission des Nations unies au Timor oriental, créée par la résolution S/1246, 11 juin 1999. À 78,5 % la population se prononce contre le statut d'autonomie spéciale proposé par l'Indonésie, ce qui, selon l'accord conclu le 5 mai 1999 entre l'Indonésie et le Portugal, signifie la volonté de faire sécession. Après des élections organisées en avril 2002, l'indépendance est proclamée le 20 mai 2002.

En Nouvelle-Calédonie, inscrite en 1986 par l'AGNU sur la liste des territoires non autonomes, un processus de mise en œuvre du *droit* est engagé par les accords de Matignon du 26 juin 1988, suivis par la loi référendaire du 9 novembre 1988 « portant dispositions statutaires et préparatoires à l'autodétermination de la Nouvelle-Calédonie en 1998 ». Le 5 mai 1998 est signé l'accord sur la Nouvelle-Calédonie entre le Premier ministre français et les dirigeants du FNLKS (Front de libération nationale kanak et socialiste) et du RCPR (Rassemblement pour la Calédonie dans la République) excluant toute partition à l'issue du processus. La loi constitutionnelle du 20 juillet 1998, formant le titre XIII de la Constitution française, soumet l'accord à l'approbation de la population néo-calédonienne, la composition de l'électorat étant figée depuis 1988. Cette « consultation des populations de Nouvelle-Calédonie », le 8 novembre 1998, s'avérant positive, la mise en œuvre de l'accord est organisée par la loi du 19 mars 1999 relative à la Nouvelle-Calédonie ; cette loi établit pour une période transitoire un régime de « partage de souveraineté avec la France sur la voie de la pleine souveraineté » et met en place le régime de la future « consultation sur l'accession à la pleine souveraineté » qui aura lieu au cours du mandat (cinq ans) du Congrès de Nouvelle-Calédonie qui commencera en 2014, au moins six mois avant la fin du mandat. Si cette première consultation conclut au rejet de la pleine souveraineté, un tiers des membres du Congrès peut demander une seconde consultation ; celle-ci doit intervenir dans les dix-huit mois mais ne peut être demandée qu'à partir du sixième mois suivant le premier scrutin, ce qui laisse entrevoir une réponse définitive vers 2020.

Dans son avis de juillet 2004 sur le mur édifié par Israël en Palestine, la CIJ considère que la construction du mur dresse un obstacle grave à l'exercice par le peuple palestinien de son droit à l'autodétermination et viole de fait l'obligation incombant à Israël de respecter ce droit (§ 115 à 122).

Est par ailleurs toujours en suspens la situation du Sahara occidental, faute d'organisation du référendum d'autodétermination préconisé par l'ONU depuis 1988 en raison du désaccord sur la détermination de l'électorat (*cf.* p. 60 et s.).

Section IV
Le principe de l'égalité souveraine des États

Il s'agit du premier principe évoqué dans la Charte des Nations unies à l'article 2 consacré aux principes que doivent suivre l'Organisation et ses membres. L'article 2, § 1 stipule en effet : « L'Organisation est fondée sur le principe de l'égalité souveraine de tous ses membres », ce qui recouvre à la fois l'égalité entre les membres, soit, aux termes du chapitre II de la Charte, les États, et leur souveraineté.

§ 1 – L'égalité entre les États

Elle signifie que tous les États sont titulaires des mêmes droits et des mêmes devoirs internationaux, qu'ils soient grands ou petits, riches ou pauvres. Cette égalité juridique est favorable aux États moins favorisés puisqu'elle leur garantit le même statut qu'aux plus puissants. Il n'est pas moins évident qu'elle masque l'inégalité concrète, notamment économique et sociale entre les États et qu'elle est source d'iniquité si elle conduit les plus favorisés à s'abriter derrière elle pour ne pas chercher à aider les autres à améliorer leur situation. C'est bien pourquoi l'idée d'un droit du développement a été introduite dans les années 1960 (*cf.* tome I, p. 199 et s.).

Au moment de la grande vague de décolonisation s'est plus particulièrement posée la question du statut des micro-États encore appelés États exigus, ceux dotés à la fois d'un petit territoire et d'une faible population. Ces entités ont un statut d'État mais éprouvent des difficultés à exercer l'effectivité de leurs compétences étatiques en raison de leur faiblesse quantitative. Certains micro-États existent depuis fort longtemps et relèvent de la catégorie des pays développés, voire très riches : les principautés de Monaco (1,5 km^2, 25 000 habitants), du Lichtenstein (157 km^2, 30 000 habitants), d'Andorre (453 km^2, 68 000 habitants), la république de Saint-Marin (61 km^2, 27 000 habitants). Ils sont de surcroît généralement enclavés, Monaco ayant cependant un accès à la mer. Tous ces États exigus traditionnels, héritages de l'histoire européenne, sont plus ou moins placés dans des liens spéciaux avec les grands États voisins, liens faisant planer quelques doutes sur leur égalité et leur souveraineté réelles, ce qui explique que pendant longtemps ils n'ont pas demandé leur admission aux Nations unies.

Puis au début des années 1960, la décolonisation en marche voit apparaître une nouvelle catégorie d'États exigus : ceux, nouvellement décolonisés, qui sont sous développés et n'apparaissent souvent guère viables économiquement ; il s'agit essentiellement d'îles et d'archipels de petite dimension. Il est évident qu'ils ne peuvent pas survivre, subsister sans une aide internationale conséquente, notamment du système des Nations unies. Ils ont donc intérêt à devenir membres de l'ONU, plus que d'autres à certains égards, si l'on peut dire. Or s'ils demandent tous leur admission, il apparaît qu'en raison de leur nombre, ils pourront constituer un tiers des membres ce qui leur donnerait la minorité de blocage à l'Assemblée générale où certains votes requièrent 2/3 des voix. Ils auraient ainsi un poids en matière de vote disproportionné par rapport à leur importance sur la scène internationale. Le Secrétaire général alerte les membres sur cette difficulté, particulièrement dans son rapport pour 1967. Il est politiquement aussi difficile de les admettre que de les refuser. Faudrait-il alors les doter d'un statut spécial, limitant par exemple leur droit de vote ? Mais cela supposerait de dégager un critère du micro-État : à partir de quel seuil de population, de quelle dimension géographique, de quel PNB appartient-on à la catégorie ? L'entreprise est plus que délicate et surtout, elle reviendrait à créer une brèche dans le principe d'égalité, puisque juridiquement, les États n'auraient pas tous les mêmes droits et obligations. Il a en conséquence été décidé de ne pas créer de statut spécial, mais d'inviter les États exigus à ne pas demander leur admission, tout en leur ouvrant l'accès à l'aide internationale comme s'ils avaient la qualité de membres. Nombre de micro-États se sont ainsi abstenus de demander à entrer aux Nations unies, d'autres non. La situation s'est trouvée déverrouillée grâce au processus d'éclatement de l'URSS et de la Yougoslavie. Le nombre de membres des organisations à vocation universelle s'est brusquement accru dans des proportions importantes et le risque de voir les micro-États disposer de la minorité de blocage a disparu. Ces États ont ainsi pu demander leur admission, pour ceux qui s'étaient abstenus jusque-là, et le mouvement s'est étendu aux États exigus développés : Lichtenstein (1990, avant l'éclatement de l'URSS d'ailleurs), Saint-Marin (1992), Monaco et Andorre (les deux en 1993).

§2 – La souveraineté

Selon la formule célèbre de l'arbitre suisse Max Huber dans l'affaire de l'île des Palmes (avril 1928) : « La souveraineté, dans les relations entre États, signifie l'indépendance. L'indépendance, relativement à une partie du globe, est le droit d'y exercer, à l'exclusion de tout autre État, les fonctions étatiques. » Autrement dit, il n'y a pas d'autorité supérieure à l'État ; aucune entité ne détient de compétence supérieure à lui. Mais l'indépendance n'est pas l'omnipotence. L'État ne peut agir sans limites : il est soumis au droit international et il y est soumis directement, sans intermédiaire ; il bénéficie ainsi de l'immédiateté internationale. Ce sont d'ailleurs les États qui, pour l'essentiel, sont à l'origine des règles de droit international, qui est donc largement un droit de l'autolimitation de l'État. L'État en revanche n'est pas soumis aux autres États ni aux organisations internationales. Par rapport aux autres États, les principes d'égalité, de non-intervention et de non-recours à la force garantissent, renforcent son indépendance politique et son intégrité territoriale. Par rapport aux organisations intergouvernementales, l'État est libre de participer à leur création et d'y adhérer ; il peut certes consentir des limitations à sa souveraineté, voire des transferts de souveraineté, mais il est libre d'en décider ainsi ; nul ne peut le contraindre à le faire. Certes, c'est là une vision abstraite : c'est tel gouvernement disposant au plan interne d'une majorité politique à un moment donné qui choisira d'engager son État dans une organisation tendant à l'intégration. Cet engagement s'imposera à ses successeurs, dans la mesure où il est difficile, politiquement et économiquement, de revenir sur de type de mesure, voire impossible, une fois que l'intégration a tissé sa toile. Certes, juridiquement cela reste envisageable car tout peut se négocier, même si le retrait n'est pas prévu expressément dans l'acte institutif de l'organisation.

Au total, la souveraineté de l'État tend à se rétrécir à l'époque contemporaine sous une double influence. D'un côté, l'État lui-même consent volontairement voire recherche des abandons de souveraineté à travers les organisations intergouvernementales auxquelles il participe et les accords internationaux par lesquels il se lie, en matière de droits de l'homme notamment. D'un autre côté, d'autres sujets de droit, internes au départ mais s'internationalisant (*cf.* p. 129-130) ont des moyens de brider, contrôler l'action de l'État en revendiquant la mise en œuvre des accords conclus par lui et qui leur créent des droits organisant leur accès aux modes juridictionnels ou parajuridictionnels de protection des droits de l'homme ou des investissements privés. En outre ils tissent des liens à l'échelle mondiale que l'État ne maîtrise pas.

Pour autant, la souveraineté de l'État n'est pas morte et l'étude du principe de non-intervention le montre bien. L'État ferraille parfois face à des lames de fond qui surgissent dans le sens de la restriction de son domaine réservé. Ainsi depuis une quinzaine d'années, un principe de légitimité démocratique des régimes politiques commence à émerger et depuis 1988 (Rés. A/43/157), l'Assemblée générale des Nations unies adopte régulièrement une résolution intitulée : « Affermissement du rôle de l'ONU aux fins du renforcement de l'efficacité du principe d'élections périodiques et honnêtes et de l'action en faveur de la démocratisation. » Mais à partir de 1989, est aussi adoptée une résolution (A/44/147, pour celle-ci) titrée : « Respect des principes de la souveraineté nationale et de la non-ingérence dans les affaires intérieures des États en ce qui concerne les processus électoraux » et depuis 2003 (Rés. A/58/189) : « Respect des principes de la souveraineté nationale et de la diversité des systèmes démocratiques en ce qui concerne les processus électoraux en tant qu'élément important de la promotion et de la protection des droits de l'homme. » En somme, les valeurs progressent et la souveraineté reste.

La souveraineté a aussi une composante économique liée au principe de la souveraineté permanente sur les ressources naturelles et les activités économiques (résolutions 1803 et 2625 précitées) qui s'applique aux peuples avant l'indépendance et profite ensuite à l'État. Il signifie le droit pour l'État de déterminer le régime d'exploitation de ses ressources (ouverture ou non à des ressortissants et investissements étrangers) et de choisir son modèle, système de développement économique : libéral, planifié ou tout autre système envisageable.

Chapitre II

L'État et les relations interétatiques

À propos de l'État, principal acteur, encore, des relations internationales et plus sûrement, principal sujet de droit international, se pose d'abord la question de sa définition. Le droit international le caractérise à partir de ses éléments constitutifs : territoire, population, organisation des pouvoirs publics (section I). Le terme État vient du latin *status*, stable. Certes nombre d'États connaissent, en tant que tels, une grande stabilité dans l'histoire dans laquelle ils sont profondément enracinés. Mais quand un nouvel État naît, comment s'insère-t-il dans la société internationale ? Que se passe-t-il si un État est affecté par des changements radicaux de régime politique ? Faute d'une institutionnalisation suffisante de la société internationale qui permettrait d'enregistrer ces modifications pour les rendre opposables, ce sont les États existants qui ont pris l'habitude de réagir en pratiquant, ou non, une reconnaissance (section II). Il est possible d'établir un idéal-type de l'État. Pourtant, tous les États ne sont pas dotés d'un statut identique : certains disposent d'un statut particulier (section III). Enfin l'État n'est pas isolé ; il a vocation à entrer en relation avec ses homologues grâce à des organes chargés des relations interétatiques (section IV).

Section I
Les éléments constitutifs de l'État

Une entité ne constitue un État sur la scène internationale que si elle réunit pleinement, avec tous les attributs caractéristiques d'une collectivité étatique, un territoire, une population, une organisation des pouvoirs publics. À défaut, il s'agit peut-être d'un sujet de droit international mais pas d'un État. La plupart du temps, l'existence d'une collectivité étatique ne fait pas de doute. Il y a aussi des *objets juridiques* difficiles à qualifier, tels le Saint-Siège et la Cité du Vatican : le fait déjà qu'il existe deux expressions pose question.

Avant l'éviction du Pape de Rome en 1870 au moment de la réalisation de l'unité italienne, le Pape était à la fois chef de l'Église catholique (pourvoir spirituel) et chef d'État des États de l'Église (pouvoir temporel). Avec la perte de la qualité d'État *classique*, la situation est devenue complexe ; trois entités peuvent être distinguées : la Cité du Vatican, le Saint-Siège et l'Église catholique. L'Église catholique est largement considérée comme une ONG : elle est par définition à vocation universelle, c'est le sens de *catholique*, dans le domaine spirituel. Certes, il serait fort malaisé de retrouver son acte fondateur alors que les ONG banales ont des statuts d'association identifiables.

Les deux autres entités, sujets de droit international, lui servent d'ancrage à la fois matériel (territoire, gouvernement et administration pour la Cité du Vatican) et potentiel (pouvoir spirituel et représentation internationale pour le Saint-Siège). La Cité du Vatican est, des deux, la plus proche de l'État. Elle dispose d'un territoire, neutre et inviolable selon le traité politique faisant partie des accords du Latran du 11 février 1929 régissant les rapports avec l'Italie ; mais il est exigu : 44 hectares, répartis en plusieurs enclaves dans Rome (diverses basiliques, les catacombes) et à l'extérieur (la résidence de Castel-Gandolfo). Il existe, au niveau de la population, une nationalité vaticane s'accompagnant de la délivrance de passeports ; elle intéresse environ 1 500 personnes qui conservent une nationalité d'origine (ou autre) et qui disposent de cette nationalité vaticane uniquement dans le cadre de l'exercice de fonctions auprès du Vatican ; cette nationalité, purement fonctionnelle se perd avec la cessation des fonctions ; il n'y a donc pas de lien de nationalité classique, durable, comme entre un individu et un État. Quant à l'organisation des pouvoirs publics, elle est aussi particulière ; il y a certes l'équivalent d'un gouvernement, fort peu démocratique, avec la Curie et le Pape mais ils ont pour fonction essentielle de faire rayonner le pouvoir spirituel de l'Église dans le monde entier. Le traité politique emploie l'expression d'État de la Cité du Vatican, qui sert ainsi de support juridique des avantages matériels du Saint-Siège ; il prévoit l'existence de services publics, notamment la poste, gérés par l'Italie. La dénomination d'État, si elle est employée dans les rapports avec l'Italie et avec certains autres États d'ailleurs, semble assez inadéquate. En revanche, la Cité est un sujet de droit international, du fait des rapports avec l'Italie et aussi car elle est membre de certaines organisations intergouvernementales (UPU, UIT entre autres) et partie à certaines conventions internationales.

Quant au Saint-Siège, il dispose incontestablement d'une personnalité juridique internationale. Il est partie à de nombreux traités relevant de deux catégories. Certains déterminent le statut de l'Église dans les États ; on les a longtemps dénommés concordats. Celui du Latran reconnaît dans son article 2 « la souveraineté du Saint-Siège dans l'ordre international ». Celui de 1953 avec l'Espagne admet la personnalité internationale « du Saint-Siège et de la Cité du Vatican ». Les accords plus récents régissant la situation de l'Église dans les États ne sont plus qualifiés de concordats : accords avec l'Espagne en 1973, n'employant pas le terme d'État pour le Vatican, de même pour un accord avec le Pérou en 1980 ou avec l'Italie en 1984. En outre, le Saint-Siège est partie à de très nombreuses conventions internationales (relations diplomatiques, droit des traités, désarmement, non-prolifération, droit humanitaire, notamment toutes les Conventions de Genève et leurs protocoles additionnels, lutte contre la torture, la discrimination raciale, droits de l'enfant, statut des réfugiés...). Il est membre de l'OSCE et d'institutions spécialisées : AIEA, OMPI, Organisation pour l'interdiction des armes chimiques. Il est observateur dans sept institutions spécialisées : FAO, OIT, OMS, UNESCO, ONUDI, FIDA, OMT (tourisme), ainsi qu'à l'OMC, à des organisations régionales : Conseil de l'Europe, OEA, UA. Depuis 1964, il est observateur aux Nations unies où il est invité à toutes les séances de l'AG ; depuis 1977 il assiste aux commissions économiques régionales des Nations unies sur la même base que les États membres de l'ONU mais non membres de ces commissions. En 2004, la résolution A/314 du 1er juillet lui confère un *super* statut d'observateur ayant le droit de participer à tous les travaux de l'AG et à toutes les conférences des Nations unies à l'égal d'un État ; il ne lui manque que le droit de vote ; cette résolution emploie d'ailleurs le terme d'État. Si l'on ajoute que le Saint-Siège joue un rôle actif au sein de nombreuses conférences internationales, notamment celles qui ont pour objet la conclusion de traités (comme celui sur le droit de la mer) et qu'il entretient des relations diplomatiques avec 174 États, on prend la mesure de son rôle international. Pour autant, la doctrine majoritaire ne le qualifie pas d'État en raison de sa trop grande spécificité.

Fort heureusement, nombre de collectivités sont plus aisées à qualifier et correspondent aux canons de l'État doté d'un territoire (§ 1), d'une population (§ 2) et d'une organisation des pouvoirs publics (§ 3), chacun de ces éléments faisant ci-après l'objet de l'examen de ses caractéristiques ainsi que du titre de compétence dont il est porteur pour l'État.

§ 1 – Le territoire

Il s'agit de l'aspect le plus tangible de l'État, cadre spatial soumis au pouvoir politique de L'État et point de repère privilégié de sa population. Se pose à son propos la question de son acquisition et, une fois celle-ci réalisée, celle de sa délimitation. L'État en retire un titre de compétence : la compétence territoriale.

A. L'acquisition du territoire

Le terme d'acquisition n'est guère adéquat dans la mesure où il est admis depuis longtemps que le territoire ne constitue pas une propriété de l'État mais le fonde à exister au regard des autres États et à exercer la compétence territoriale ; il est le principal lieu d'exercice de la souveraineté et c'est pourquoi les États sont attachés au principe de leur intégrité territoriale. Certes, l'État peut être propriétaire d'une partie de son territoire, un peu à la manière d'un propriétaire privé : on parle en droit français du *domaine* de l'État, public ou privé (forêts, bâtiments, voies de circulation, biens mobiliers comme des tableaux par exemple). D'un autre côté, un État peut être propriétaire de biens situés sur le territoire d'un autre État : locaux d'une mission diplomatique ou autres biens ; le sultanat de Brunei, micro-État de 5765 km² et environ 300000 habitants, situé sur l'île de Bornéo a ainsi acquis une ferme en Nouvelle-Zélande, plus vaste que son territoire, de manière à nourrir sa population. Il serait donc plus correct d'employer l'expression de *mode d'établissement de la compétence territoriale*, plus conforme aux exigences du droit mais bien peu évocatrice, de sorte que le terme d'acquisition reste employé en dépit de son inadaptation. Les modes d'acquisition d'un territoire étatique demeurent très variés, même si certains modes pratiqués dans le passé ne le sont plus aujourd'hui, la conception de l'État, de ses pouvoirs ainsi que le droit international ayant évolué. Il est possible de différencier ces procédés d'acquisition en fonction de la nature du territoire susceptible d'acquisition : acquisition d'un territoire *sans maître* ou acquisition au détriment d'un autre État.

1. *L'acquisition d'un territoire* sans maître

Un territoire est dit sans maître, ou *res nullius* lorsqu'aucune souveraineté ne s'exerce sur lui, soit parce que la vie en société n'y a jamais été organisée en la forme étatique, soit parce qu'un État l'a abandonné ; cette dernière hypothèse a pu se produire notamment à l'époque de la colonisation, un État renonçant à dominer un territoire trop éloigné de la métropole et/ou de peu d'intérêt politique ou économique et/ou difficile à conserver en raison des appétits évidents d'autres États plus puissants. À l'époque de la colonisation a été mise en œuvre une conception large du territoire sans maître : c'est alors celui qui n'est pas organisé, administré sur le modèle des États européens, quand bien même existe une forme d'organisation de la vie en société, de type tribal par exemple.

Certains modes d'acquisition utilisés autrefois sont dépassés (attribution pontificale et découverte avec occupation fictive), un autre est toujours d'actualité (occupation effective) et l'un d'entre eux est depuis toujours controversé (acquisition par contiguïté).

a. L'attribution pontificale

L'attribution pontificale est beaucoup pratiquée à la fin du XVe siècle, correspondant à la phase des grandes découvertes à un moment où le pouvoir temporel du Pape et son autorité politique sont encore grands ; au nom de l'idée qu'il exerce une sorte de compétence générale sur l'humanité, le Pape a le pouvoir de décerner des titres juridiques ; le plus célèbre de ses actes dans ce domaine est la Bulle (dénomination d'un type d'acte juridique utilisée à l'époque, équivalent à un décret) *inter coetera* par laquelle le pape Alexandre VI attribue le 4 mars 1493 les terres d'Amérique latine à l'Espagne et au Portugal ; mais ce mode d'acquisition (ou d'attribution) du territoire décline rapidement (*cf.* tome I, pp. 17-18) avec le pouvoir temporel de la papauté.

b. La découverte avec occupation fictive

La découverte suivie d'une occupation fictive (du moins qualifiée telle à l'époque moderne) prend le relais. Un État est réputé avoir acquis un territoire quand un corps expéditionnaire envoyé sous son autorité découvre un nouveau territoire ; il explore les parages, généralement les côtes d'une nouvelle contrée, laisse une marque de son passage, monument nommant le souverain, drapeau ; sans que l'exploration se poursuive dans l'arrière-pays, faute de moyens ou en raison du danger (maladies, populations indigènes hostiles), celui est considéré comme acquis ; c'est pourquoi ce type d'acquisition est qualifié aujourd'hui de fictif. Lorsque les appétits des États deviennent plus conséquents et que plusieurs d'entre eux convoitent un même territoire, ce procédé peut devenir source de conflits et il est abandonné.

c. L'occupation effective

Le procédé de l'occupation effective repose sur une prise de possession véritable avec un exercice concret de la souveraineté. Le principe est consacré lors de la Conférence de Berlin en 1885 relative à la colonisation en Afrique, notamment dans la zone du bassin du Congo, objet de multiples rivalités. Il est décidé que l'acquisition de territoires en Afrique est subordonnée à une occupation effective et à une notification aux autres États de l'intention de s'y comporter en souverain. Par la suite, cette règle conventionnelle donne naissance à une coutume d'application générale, limitée à l'occupation effective, la notification pouvant venir par surcroît. Cette question de l'acquisition de territoire, notamment sur la base de l'occupation effective, est à l'origine d'une jurisprudence abondante. La notion d'occupation effective est illustrée de manière intéressante par l'affaire du Groenland oriental, jugée par la Cour permanente de justice internationale (l'organe judiciaire de la SDN) en 1933. Depuis le XIIIe siècle, le Danemark exerce sa souveraineté sur le Groenland, territoire bien plus vaste que celui de la métropole, mais en même temps impossible à administrer de façon dense du fait du climat et de la faible démographie. S'avisant de cette situation, la Norvège prétend que l'est du Groenland n'est pas occupé effectivement et, par une proclamation du 10 juillet 1931 décide d'occuper le Groenland oriental, espace hors de la souveraineté danoise selon elle, proclamation immédiatement suivie d'effet. Naît alors un différend entre les deux États soumis à la CPJI. Le Danemark rapporte la preuve d'un exercice continu de souveraineté : délimitation des eaux territoriales, réglementation des seules activités économiques susceptibles d'être pratiquées, chasse et pêche, maintien de l'ordre et exercice de la justice. La Cour estime que le Danemark a ainsi manifesté son intention d'étendre sa souveraineté à l'ensemble du Groenland et qu'il s'est livré à un exercice effectif de son pouvoir certes limité, mais seul possible compte tenu des caractéristiques du territoire ; dès lors, l'occupation de la Norvège est contraire au droit. La décision est intéressante car elle montre que l'effectivité doit s'apprécier relativement à la situation du territoire et non dans l'absolu.

d. La contiguïté

Les États invoquent parfois l'acquisition par contiguïté. Elle consisterait, pour un État exerçant l'effectivité de ses pouvoirs sur un territoire à revendiquer sa souveraineté sur des territoires voisins présentés comme l'accessoire du territoire principal. Naturellement, cette prétention est souvent mise en avant lorsque l'effectivité d'une occupation ne peut être démontrée. Certes elle peut aider à conforter un autre titre, par exemple apprécier avec une certaine souplesse un degré d'effectivité et elle peut être admise pour des îlots situés dans des eaux territoriales ou archipélagiques. Sinon, elle est récusée tant par la doctrine que par la jurisprudence. Elle est par exemple été invoquée dans l'affaire de l'île des Palmes (1928), située aux confins des Philippines et de l'Indonésie entre les Pays-Bas et les États-Unis. Les Pays-Bas peuvent se parer de l'effectivité mais les États-Unis, ayant succédé à l'Espagne en 1898 à l'égard des Philippines, misent essentiellement sur la contiguïté. Pour l'arbitre, Max Huber, « le titre de la contiguïté, envisagé comme base de la souveraineté territoriale, n'a aucune base en droit international ». En dépit de ce peu de succès juridique, la théorie est mise en avant par des États à propos des deux pôles de la Terre.

À l'égard du pôle Nord, elle est revendiquée au début du XXe siècle par le Canada (en 1907, 1925) et par l'URSS (1918,

1926) : la zone du pôle, non recouvert par de la terre ferme, serait divisée en secteurs ayant pour base le littoral des États riverains (Canada, Danemark pour cause de Groenland, États-Unis grâce à l'Alaska, Norvège et URSS) et pour sommet le Pôle. Si la thèse était acceptée, cela signifierait l'absence de liberté de navigation maritime, certes difficile du fait de la présence de glace et d'icebergs, et de survol aérien. Les autres États ne s'y sont pas ralliés, les États-Unis désapprouvant franchement au nom du principe d'effectivité. Les règles normales de navigation et de survol s'appliquent. Il existe cependant des secteurs, sauf pour les États-Unis, sans trop de conséquences. Toutefois le Canada exerce un contrôle de ses règles en matière de pollution et d'environnement, notamment sur la base d'un décret de septembre 1985. Cela n'a donné lieu à aucun litige ; s'il devait s'en produire un, la contiguïté ne constituerait probablement pas un titre suffisant d'autant qu'il n'existe pas de terre ferme sous-jacente.

Le pôle Sud est l'objet de prétentions d'origines diverses. Certains États revendiquent des secteurs sur la base de la découverte (Australie, France, Norvège, Nouvelle-Zélande, Royaume-Uni), d'autres sur la base de la contiguïté : Chili et Argentine, et pour elle, au détriment du secteur britannique ; cette source de litige est indépendante de la question des Malouines mais s'y ajoute. Sous l'influence des États-Unis, champions de l'effectivité, est adopté le 1er décembre 1959 à Washington le traité de l'Antarctique. Il interdit, on l'a vu (tome I, p. 87), toute activité militaire, pose le principe de la libre recherche scientifique mais il ne confirme ni n'infirme aucune prétention territoriale, prévoyant qu'à l'avenir, aucune création de nouveaux droits n'est possible : le statut juridique de l'Antarctique est ainsi gelé, autant que le sol du continent[7].

7. D'autres accords régissent la zone : conventions de 1972 sur la protection des phoques, de 1980 sur la protection de la faune et de la flore marines, de 1988 (Wellington) sur la réglementation des activités relatives aux ressources minérales ; celle-ci étant perçue par certains comme encouragent l'exploitation, ils ne l'ont pas signée (France et Australie) et en 1991 est adopté le protocole de Madrid faisant du territoire une réserve naturelle consacrée à la paix et à la science et interdisant toute activité minière pendant 50 ans sous réserve de dérogation à peu près impossible à obtenir.

La question de l'occupation de territoires sans maître est devenue presque théorique, sous réserve de multiples contestations intéressant des îles au large de la Chine. Elle est en outre au cœur de l'affaire du Sahara occidental. En 1884, l'Espagne signe des accords de protectorats avec des chefs de tribus nomadisant sur ce territoire situé aujourd'hui entre Algérie, Maroc et Mauritanie qu'elle administre ensuite directement. En 1973 est créé le Front Polisario, mouvement de libération nationale soutenu par l'Algérie. En 1974, la puissance coloniale fait connaître son intention de se retirer. Le Comité de décolonisation s'efforce de trancher entre les prétentions contradictoires qui se font jour : le Front et l'Algérie sont favorables à l'indépendance au profit d'un nouvel État dirigé par le Front, le Maroc la Mauritanie souhaitent chacun le rattachement du territoire au leur. Le 13 décembre 1974, l'Assemblée générale adopte une résolution demandant l'avis de la CIJ sur deux questions : le Sahara occidental était-il un territoire sans maître au moment de la colonisation espagnole ? Quels étaient les liens juridiques de ce territoire avec le royaume du Maroc et l'ensemble mauritanien ? Pour répondre à la première question, la Cour doit analyser en 1975 la situation créée en 1884, autrement dit analyser une situation héritée de la période de la colonisation florissante un siècle plus tard, alors que la conception du territoire sans maître a évolué. Dans son avis rendu le 16 octobre 1975, elle estime que des terres habitées par des tribus ayant une organisation sociale ne sont pas *terra nullius* et la souveraineté pouvait s'acquérir à leur égard par des accords conclus avec les chefs de tribus ; les accords conclus par l'Espagne sont considérés comme de véritables engagements et non des parodies d'accords. On peut toutefois noter que dans son arrêt du 10 octobre 2002 rendu dans l'affaire de la frontière terrestre et maritime entre le Cameroun et le Nigeria, la CIJ distingue entre le protectorat international, laissant subsister la personnalité juridique étatique du protégé (Maroc, Qatar) et le protectorat colonial basé sur des accords conclus avec des chefs de tribu et constituant en réalité un mode d'acquisition de territoire.

Si le territoire du Sahara occidental n'était pas sans maître, qui exerçait la souveraineté ? Cela suppose de se pencher sur les liens établis avec le Maroc et l'ensemble mauritanien ; cette dernière expression est utilisée car il n'existait pas, avant l'époque coloniale, d'État mauritanien, l'entité mauritanienne ayant été une création artificielle de la France ; à l'inverse, le Maroc est un des plus anciens États existants, la dynastie actuelle remontant au XVIe siècle et ce n'est pas la première établie dans le pays. Chacun des deux États avance des preuves d'un exercice du pouvoir sur le territoire convoité et le Maroc invoque aussi la contiguïté. Dans sa réponse, la Cour entend par *liens juridiques* des liens pouvant influer sur la politique de décolonisation ; en l'espèce, il existait des liens juridiques d'allégeance de certaines tribus vivant dans le territoire à l'égard du sultan marocain et également des liens correspondant surtout à des droits relatifs à la terre avec l'ensemble mauritanien, les uns et les autres se chevauchant parfois ; ce chevauchement de liens juridiques et géographiques ne correspond pas, selon la Cour, à des liens de souveraineté et les deux pays n'ont exercé aucun contrôle effectif. L'avis à la fois réjouit et mécontente toutes les parties prenantes ; il ne fournit pas de piste claire pour régler le processus de décolonisation resté depuis en suspens.

Dès la publication de l'avis, le roi Hassan II du Maroc annonce l'organisation d'une marche pacifique des Marocains pour prendre possession du territoire : c'est la célèbre *marche verte* du 6 novembre 1975, alors que le même jour l'Espagne présente à l'ONU la demande de transfert de ses responsabilités. Le 14 novembre 1975, un accord entre le Maroc, la Mauritanie et l'Espagne organise un partage du territoire, ce qui entraîne la naissance d'un conflit armé avec le Front Polisario. Immédiatement après le retrait de l'Espagne, le Front proclame le 27 février 1976 une République arabe sahraouie démocratique (RASD) dont la capitale, Tindouf, est située en Algérie Le Maroc occupe la totalité du territoire en 1980 après le retrait de la Mauritanie en août 1979 ; cette dernière signe un accord de paix avec le Front et reconnaît la RASD en 1984 dont l'admission en 1982 à l'OUA a entraîné le retrait du Maroc de l'Organisation. Depuis 1981, avec la prise de position du Maroc en ce sens, est acquis le principe de l'organisation d'un référendum d'autodétermination du peuple sahraoui mais l'opération n'a pas pu être menée à bien faute d'accord sur la composition de l'électorat, envisagé plus largement par le Maroc que par l'Algérie et la RASD. Un cessez-le-feu est supervisé par les casques bleus de la MINURSO (Mission des Nations unies pour le Sahara occidental, créée par la résolution S/690, avril 1991) depuis le 6 septembre 1991. *De facto*, le Maroc administre le territoire.

2. *L'acquisition de territoire au détriment d'un État*

Il s'agit là d'évincer un État de tout ou partie de son territoire. Là encore, certains procédés utilisés autrefois sont aujourd'hui dépassés cependant que plusieurs autres subsistent. Est impossible aujourd'hui, juridiquement, l'acquisition consécutive à un recours à la force. Certaines formes de cession conventionnelle sont dépassées et d'autres pas.

a. L'acquisition par la force

Le recours à la force armée a pu, dans le passé permettre soit l'acquisition de tout le territoire d'un État, qui disparaît alors, soit l'annexion d'une portion de territoire du vaincu. Au sens strict, l'annexion ne vise qu'une acquisition partielle de territoire, mais le terme est souvent employé dans un sens plus large et recouvre toute acquisition consécutive à l'usage de la force.

La première hypothèse – acquisition de la totalité du territoire – est qualifiée de conquête ou *debellatio*. Elle est subordonnée à la réalisation de certaines conditions : l'État vaincu doit avoir disparu, c'est-à-dire que ses pouvoirs publics doivent s'être effondrés sans être susceptibles de reconstitution (à la manière des autorités du troisième Reich allemand en 1945). L'occupation militaire ne suffit pas : tant qu'il existe des pouvoirs publics sur le territoire ou en exil, l'État ne disparaît pas. En outre est exigée une déclaration de l'intention d'acquérir ; si le vainqueur ne veut pas voir disparaître le vaincu, il lui incombe de susciter la création de nouveaux pouvoirs publics. On peut noter que bien que le droit ait déjà évolué à ce moment-là, l'accord d'armistice adopté le 8 mai après la capitulation allemande le 7 mai 1945 précise que le pouvoir exercé par les quatre puissances occupantes n'a pas pour effet d'annexer l'Allemagne.

Au sens strict, l'annexion ne vise qu'une partie du territoire du vaincu, lorsqu'à la fin d'un conflit une occupation subsiste sans que la question soit réglée : ainsi pour certains territoires allemands ou autres restés en 1945 sous compétence polonaise ou soviétique ou les territoires arabes occupés par Israël après la guerre des dix jours en 1967.

Une telle acquisition est-elle toujours possible ? La réponse de principe est négative. L'interdiction du recours à la guerre (1928) puis à la force (1945) y fait obstacle. C'est ainsi qu'après la deuxième guerre mondiale, à propos de l'Éthiopie annexée par l'Italie en 1936 et l'Autriche annexée par l'Allemagne en 1938, il a été considéré que ces deux États n'avaient pas disparu pendant la période de subjugation. Cela dit, une annexion illégale peut être couverte si les autres États ne s'y opposent pas. Tel n'est pas le cas des territoires palestiniens et autres occupés par Israël : la célèbre résolution S/242, 22 novembre 1967, souligne en préambule « l'inadmissibilité de l'acquisition de territoires par la guerre ». La résolution 2625, dans les développements relatifs au principe de non-recours à la force souligne : « Nulle acquisition territoriale obtenue par la menace ou l'emploi de la force ne sera reconnue comme légale. » Ainsi après l'invasion du Koweït par l'Irak, le Conseil de sécurité demande dans la résolution 661 (1990) à tous les États « de ne reconnaître aucun régime mis en place par la puissance occupante » et dans la 662 (1990) de ne pas reconnaître l'annexion du Koweït. Le comportement des États peut être plus fluctuant. L'annexion par la force du Timor oriental, alors sous domination portugaise, par l'Indonésie en 1975 s'est opérée dans l'indifférence ; il a fallu attendre à la fois la fin du système bipolaire et un changement politique en Indonésie en 1999 pour que la situation évolue vraiment ; le 20 octobre 1999 l'Assemblée indonésienne accepte le résultat du vote du peuple timorais du 30 août en faveur de l'indépendance et invalide le décret d'annexion du territoire.

b. La cession conventionnelle

L'acquisition peut résulter d'une cession conventionnelle susceptible de revêtir plusieurs formes : cession par vente, cession-compensation, cession-échange.

* La cession par vente

La cession par vente consiste en une cession de territoire d'un État à un autre moyennant une contrepartie financière. Elle correspond à l'idée que le territoire est dans sa totalité la propriété de l'État. Dans le passé ce type de cession a été fréquent : cession de la Louisiane par la France aux États-Unis en 1803, de l'Alaska par la Russie aux États-Unis en 1867. Le cas de la Corse est quelque peu complexe ; par le traité de Versailles du 15 mai 1768 la république de Gênes, incapable de contrer les rebelles de Paoli, remet la protection de l'île pour son compte à la France ; la souveraineté est cédée à la France jusqu'à ce que Gênes « soit en état de solder la dépense que l'expédition actuelle des troupes et les frais de leur entretien en Corse pourront occasionner » (article 4), alors qu'il est évident que la République ne pourra jamais rembourser ; surtout l'article 2 secret stipule que le Roi de France « pour lui donner une marque de son amitié sincère, fera payer à ladite République une somme de deux mille livres tournois pendant le cours de dix années » ; officiellement, ce n'est pas une vente mais la clause secrète révèle qu'il s'agit d'une cession à titre onéreux. Ce type de cession n'est plus praticable aujourd'hui, la conception patrimoniale du territoire de l'État n'ayant plus cours.

* La cession-compensation

La cession-compensation était celle imposée à la suite de sa défaite militaire au vaincu, à titre de compensation pour les dommages occasionnés par la guerre, quel qu'ait été au départ le fauteur de trouble. Gibraltar est cédé au Royaume-Uni par le traité d'Utrecht en 1713; en 1919, le traité de Versailles prévoit la cession de l'Alsace-Lorraine par l'Allemagne à la France en compensation du préjudice subi par la France au traité de Francfort (1871) établi en sens contraire. Plus surprenante est la cession par l'Italie à la France des territoires de La Brigue et de Tende en vertu du traité de Paris du 10 février 1947 et à la suite d'un référendum, alors pourtant que le principe de non-recours à la force est désormais bien établi. Plus récemment, l'article 52 de la convention de Vienne sur le droit des traités (1969, entrée en vigueur en 1980) stipule: « Est nul tout traité dont la conclusion a été obtenue par la menace ou l'emploi de la force »; mais l'article 75 prévoit: « Les dispositions de la présente convention sont sans effet sur les obligations qui peuvent résulter à propos d'un traité, pour un agresseur, de mesures prises conformément à la Charte des Nations unies au sujet de l'agression commise par cet État », ce qui peut permettre de couvrir des transferts correspondant à une sorte de sanction, bien que les dispositions de la Charte ne visent pas officiellement à sanctionner mais à amener un fauteur de trouble à composition.

* La cession-échange

La cession-échange au moyen d'un accord d'échange correspond aux rectifications de frontières. Ce type d'acte est fréquent et intervient souvent lorsqu'une frontière est modifiée à l'occasion de l'adoption d'un nouveau tracé routier ou autoroutier. Les parcelles échangées sont équilibrées et de relativement faible importance. De telles cessions sont conformes au droit international; elles ne violent aucune souveraineté. Un accord du 24 mai 1989 prévoit ainsi une rectification de frontière entre le Luxembourg et la France liée à un contournement routier d'une localité et portant sur 7893 m^2; pour permettre la réalisation d'un accès au tunnel sous le col d'Envalira, un accord est conclu le 12 septembre 2000 entre Andorre et la France: la France cède 15595 m^2 et Andorre 15925 m^2.

L'existence d'une telle variété de modes d'établissement de la compétence territoriale explique la complexité des décisions éventuelles des juges ou arbitres amenés à prendre une décision et conduits à vérifier de multiples titres avant d'attribuer la souveraineté à tel ou tel État.

Le transfert d'un territoire d'un État à un autre va également se produire en cas de création d'un nouvel État à la suite d'une sécession liée à la décolonisation ou d'une succession consécutive à l'éclatement d'un État (URSS, Yougoslavie) ou à une unification (Allemagne ou Yemen en 1990). Il ne soulève pas tant des questions de validité que celles des conséquences juridiques de la succession pour les États en cause et leurs ressortissants.

Une fois le territoire acquis, il convient de le délimiter afin d'éviter des contestations.

B. La délimitation du territoire

Elle intéresse les divers espaces de l'État : obligatoirement un espace terrestre et un espace aérien, éventuellement un espace maritime pour les États qui ont un accès à la mer.

1. La délimitation de l'espace terrestre

L'espace terrestre est délimité par des frontières mais aussi par des côtes pour des États ayant un accès à la mer, ou totalement par des côtes pour les États insulaires ; dans ces deux derniers cas, c'est une question de délimitation de l'espace maritime qui se pose (*cf.* p. 70 et s.).

a. La détermination des frontières

L'indétermination des frontières est source potentielle de conflits, d'où l'intérêt de la délimitation. Celle-ci peut être d'origine coutumière ou conventionnelle. La délimitation coutumière pose des problèmes de preuve et laisse la place à des incertitudes. C'est pourquoi, dès lors que les rapports entre États le permettent, ces derniers préfèrent la délimitation conventionnelle qui ne mettra cependant pas nécessairement fin à toutes les difficultés.

La délimitation conventionnelle d'une frontière est une longue opération à procédure car les États veulent agir précautionneusement pour éviter des contestations futures.

La **première étape** est constituée par la conclusion d'une convention de délimitation dans laquelle les États choisissent en toute liberté des principes de délimitation. Souvent, et si les conditions topographiques le permettent, ils recherchent des frontières naturelles et utiliseront des particularités géographiques :

– fleuve ou cours d'eau autant que possible navigable : sera souvent choisie la règle dite du *thalweg* qui consiste à faire passer la frontière par les plus grandes profondeurs du chenal navigable (ce qui peut s'avérer complexe : affaire de l'île de Kasikili / Sedudu jugée par la CIJ en 1999 et opposant le Botswana et la Namibie) ; si le cours d'eau n'est pas navigable, sera choisie la ligne médiane, passant par le milieu de la rivière ; il est possible aussi de choisir l'une des rives du fleuve, mais dans ce cas, ce dernier est tout entier situé sur le territoire de l'un des riverains ; si un cours d'eau a plusieurs bras, en général sera suivi le bras principal (sentence rendue au nom de la reine Élisabeth II dans l'affaire de la frontière des Andes entre le Chili et l'Argentine en 1966) ;
– région montagneuse : on peut utiliser la ligne des crêtes ou, ce qui est semblable, la ligne de partage des eaux, solution équitable ; si l'on choisit la ligne du pied des monts, l'un des États est privé du massif et de ses éventuelles retombées économiques.

La frontière sera si l'on peut dire *socialement* naturelle si l'on retient des faits historiques, linguistiques ou économiques ; elle reviendra alors souvent à entériner des pratiques coutumières.

Faute de caractéristiques naturelles ou sociales utilisables ou de volonté de les utiliser, il sera loisible d'établir une frontière artificielle : tracés géométriques faits de lignes droites, d'arcs de cercles, susceptibles de tenir compte de données humaines d'ailleurs, ou encore choix des lignes astronomiques, méridiens ou parallèles.

La **deuxième étape** consiste en la réunion d'une commission paritaire de délimitation chargée d'établir une carte; selon les cas, elle peut disposer d'une certaine marge d'adaptation des principes ou critères de délimitation.

En **troisième lieu**, et parfois longtemps après, intervient la phase de démarcation: opérations matérielles de report sur le terrain des marques (repères) de la frontière résultant de la carte, par une commission dite de démarcation composée d'experts (officiers, géomètres, arpenteurs); ses travaux débouchent sur la phase finale: l'abornement ou bornage: une commission paritaire (membres des services de l'équipement pour prendre la terminologie française actuelle) jalonne la frontière de bornes frontière. Le résultat des travaux de la commission de démarcation est souvent consigné dans un accord ou un procès-verbal de démarcation et l'abornement se traduit par un procès-verbal d'abornement ou acte d'abornement.

b. Les difficultés liées à l'établissement des frontières

Tout est fait pour garantir la stabilité des frontières, même au prix de certaines difficultés souvent liées à l'héritage colonial.

Le montre par exemple l'affaire du temple de Préah Vihear jugée par la CIJ en 1962 et intéressant la contestation de la frontière entre le Cambodge et la Thaïlande. En 1904, le Siam (nom de la Thaïlande jusqu'en 1938) et la France pour le compte du Cambodge sur lequel elle exerce un protectorat, choisissent comme critère de délimitation la ligne de partage des eaux. Une commission paritaire de délimitation est alors chargée d'établir la carte; en fait ce sont les officiers français présents qui tracent seuls la carte; ils s'écartent de l'application stricte du critère de la ligne de partage des eaux, de sorte que le temple se trouve situé en territoire cambodgien au lieu de l'être au Siam. Sur le moment les autorités siamoises ne disent rien et sans doute sont-elles en position de faiblesse face à la France. En 1954, après le départ de la France et l'accession du Cambodge à l'indépendance, la Thaïlande occupe la région ; un différend naît donc avec le Cambodge et celui-ci saisit la CIJ en 1959. La Cour considère qu'à l'origine, la carte, établie par les seules autorités françaises, n'engageait pas la Thaïlande. Mais en ne protestant pas, cette dernière a admis le tracé résultant de la carte et dès lors le tracé est devenu partie intégrante de la convention. Une réaction qui surgit cinquante ans après est trop tardive. C'est l'application de la règle de l'acquiescement, voisine de l'*estoppel* anglo-saxon selon lequel un État est lié par une position qu'il a acceptée, reconnue dès lors que les tiers se sont fiés à cette acceptation. Cette affaire présente un double intérêt : elle montre l'intérêt pour un État de protester s'il veut éviter qu'une situation lui devienne opposable. La protestation, contrairement à ce que l'on peut penser, n'est donc pas un acte anodin ; elle permet à un État, peut-être en position de faiblesse à un moment donné, de conserver la possibilité d'obtenir le redressement de l'affaire. Encore faut-il qu'il renouvelle périodiquement sa protestation et qu'il n'attende pas trop longtemps pour demander l'application correcte du droit, même s'il n'y a pas de prescription en droit international faute d'institutionnalisation suffisante. En deuxième lieu, cette affaire met en lumière les effets des rapports de force créés à l'époque coloniale de manière évidente.

La période coloniale a encore eu d'autres types d'incidences sur les questions de frontières. Les États issus de la décolonisation sont-ils tenus par les tracés frontaliers de la période coloniale ? Au XIXe siècle apparaît en Amérique latine le principe dit de l'*uti possidetis juris* de 1810, soit : « comme vous possédez en 1810 », c'est-à-dire que les États latino-américains qui accèdent à l'indépendance acceptent la délimitation administrative établie par l'Espagne en 1810. Ce principe est adopté par les États africains sous la forme de la règle de l'intangibilité des frontières héritées de la période coloniale dans une résolution de l'OUA du 16 juillet 1964, reprise par une déclaration des non alignés au Caire en octobre 1964. Ce principe est consacré par la CIJ en 1986 dans l'affaire du différend frontalier entre le Burkina Faso et le Mali ; la Cour y voit « un principe général logiquement lié au phénomène de l'accession à l'indépendance où qu'il se manifeste », donc d'application universelle. Il signifie le respect des limites territoriales au moment de l'indépendance, limites administratives, cas en l'espèce s'agissant de territoires administrés par la France, ou frontières coloniales, cas de la frontière entre la Cameroun et le Nigeria établie par un accord germano-britannique de 1913 selon l'arrêt précité (p. 60) de la CIJ de 2002. L'application de ce principe entraîne la prééminence du titre juridique sur l'occupation effective et écarte une éventuelle revendication au nom du droit des peuples : tant pis pour la perspective d'un regroupement tribal ou ethnique par exemple. Cette solution a été retenue pour éviter une balkanisation des territoires après les indépendances : le souci de stabilité et de réalisme l'a emporté.

Les nombreuses décisions juridictionnelles ou arbitrales en matière de frontières témoignent parfois de difficultés liées à un établissement conventionnel (affaire du temple de Préah Vihear) mais souvent aussi tout simplement de la volonté des États de s'en remettre, pour établir leur frontière, à un juge ou à un arbitre lequel, on l'observe dans la pratique récente, aura plus tendance à se comporter « comme un médiateur que comme un juge[8] ».

2. La délimitation de l'espace maritime

Pour les États disposant d'un accès à la mer se pose la question de l'étendue autant spatiale que qualitative de l'exercice de leur compétence. Va-t-on plutôt pencher pour une large liberté d'exploitation des ressources et de navigation pour tous les États (c'est-à-dire leurs ressortissants) ou au contraire privilégier le pouvoir de l'État riverain, le côtiérisme ? Longtemps, du XVIIIe au début du XXe siècle, c'est la liberté qui l'a emporté. À partir de l'entre-deux-guerres mondiales commence à apparaître la revendication par des pays du tiers-monde d'une extension des compétences de l'État de manière à protéger les ressources

---

8. Patrick Daillier et Alain Pellet, *Droit international public*, LGDJ, 7e éd., §301.

de la mer du pillage par les flottes relevant des États riches; cela fera échouer une conférence de codification du droit de la mer organisée en 1930 par la SDN. Ce droit est en effet resté longtemps d'origine coutumière.

Après 1945, tant les évolutions techniques que les demandes des PVD rendent nécessaires à la fois une codification et un développement du droit de la mer. À cette fin une conférence des Nations unies sur le droit de la mer est réunie à Genève en 1958 qui débouche sur quatre conventions : sur la mer territoriale et la zone contiguë, sur la haute mer, sur la pêche et la conservation des ressources biologiques de la haute mer et sur le plateau continental. La conférence échoue sur deux points fondamentaux : elle ne parvient pas à un accord sur la délimitation des eaux territoriales ni sur l'établissement de zones de pêche exclusives. Une nouvelle conférence convoquée en 1960 ne réussit pas davantage. Durant quelques années, une véritable anarchie règne, certains États étendant considérablement leurs compétences sur la mer. D'autre part, l'évolution technologique semble devoir permettre d'exploiter les richesses des grands fonds marins, en particulier les nodules polymétalliques qui y sont déposés. Il devient urgent d'adopter un accord.

Est alors convoquée en 1973 une troisième conférence des Nations unies sur le droit de la mer. Les enjeux économiques, stratégiques et environnementaux sont considérables. Les travaux durent longtemps et une Convention des Nations unies sur le droit de la mer est finalement adoptée à Montego Bay, ville de La Jamaïque, le 10 décembre 1982 ; elle n'entre en vigueur que le 16 novembre 1996, les ratifications étant laborieuses du fait des réticences de certains États, dont les États-Unis, non parties. Pendant les négociations une sorte d'accélération de certaines évolutions en matière de droit de la mer s'est produite et l'on a pu parler de *coutume sauvage* à propos par exemple de la création de zones économiques exclusives ; il s'est autant agi de développer que de codifier, en particulier à propos des fonds marins qualifiés de *patrimoine commun de l'humanité*. Cela explique que la mer soit divisée en plusieurs zones ; les unes relèvent de la souveraineté de l'État (eaux intérieures, eaux territoriales, eaux archipélagiques) ; dans d'autres il n'exerce que des droits souverains ou des projections de compétence (zone contiguë, zone économique exclusive, plateau continental) ; enfin certaines sont soustraites à sa souveraineté (haute mer et la *zone*, correspondant aux fonds marins). Ici, sous l'angle de l'espace maritime de l'État ne seront abordées que les zones dans lesquelles il exerce sa souveraineté (à l'exception des eaux archipélagiques, complexes et relativement peu répandues) ou des droits souverains en envisageant à chaque fois la délimitation puis le statut de l'espace en cause, à partir des dispositions de la Convention de Montego Bay.

a. Les espaces sous souveraineté étatique

Il s'agit des eaux intérieures et des eaux territoriales.

* Les eaux intérieures

Ce sont les eaux maritimes situées entre le littoral et la ligne de base, c'est-à-dire le point de départ de la mer territoriale ; elles comprennent aussi les baies dites historiques ou celles qui ont une faible ouverture (24 milles marins au maximum, un mille marin ou mille nautique équivalant à 1 852 mètres) ainsi que l'embouchure des fleuves. La ligne de base de la mer territoriale peut être établie de deux manières. La ligne de base est normalement constituée par la laisse de basse mer, soit la zone découverte par les marées les plus basses. Si la côte est profondément échancrée et découpée ou bordée d'îlots, sera pratiquée la méthode des lignes de base droites (admise par la CIJ en 1951 dans l'affaire des pêcheries anglo-norvégiennes) : ces lignes sont tirées entre des points fixes constitués par les rochers et îlots bordant la côte, à condition que la ceinture des eaux suive « la direction générale de la côte » (article 7 de la Convention).

Les eaux intérieures relèvent de la souveraineté de l'État. Toutefois, le droit international à la fois ne limite pas la compétence de l'État riverain et ne prévoit pas non plus explicitement son exclusivité pour tous les faits survenant dans ces eaux. Bien que les pratiques des États ne soient pas identiques, habituellement un libre accès est reconnu aux navires privés, avec des possibilités de fermeture à titre exceptionnel pour raisons sanitaires ou d'ordre public, sans discrimination et sauf navire en détresse. Une fois dans les eaux, le navire est totalement soumis à la compétence de l'État : ses autorités peuvent monter à bord et exercer des actes de contrainte. Suite à une pratique française établie en 1806 (sur avis du Conseil d'État rendu dans deux affaires relatives aux navires Newton et Sally à l'occasion d'un différend avec les États-Unis), en matière pénale, de nombreux États ne connaissent pas des délits intérieurs ne concernant que les membres de l'équipage ; ils ont une attitude inverse lorsque l'infraction est commise à terre par des membres de l'équipage, ou si commise à bord, elle pour auteurs ou victimes des passagers, ou si l'intervention est demandée par les autorités de bord. Certains États, comme les États-Unis, exercent une compétence plus large. Quant aux navires d'État à usage non commercial comme les navires de guerre, l'accès peut toujours leur être refusé ; il fait au minimum l'objet d'une notification et éventuellement d'une autorisation sauf cas de détresse ; une fois admis, un tel navire bénéficie de l'immunité : aucun acte de contrainte ne peut être exercé à bord.

* Les eaux territoriales ou la mer territoriale

Chaque État fixe unilatéralement les eaux territoriales faisant face à ses côtes mais se pose aussi la question de la détermination entre État riverains. « Le pouvoir de l'État finit là où finit la puissance des armes » : mettant en pratique cette formule employée par Binkerskoek dans son ouvrage *De domino maris* de 1702, les États à partir du XVIIIe siècle établissent l'étendue de la mer territoriale vers le large à partir de la ligne de base en fonction de la portée du canon à l'époque, soit 3 milles marins, environ 5,5 km, et cela jusqu'au début du XXe siècle. Durant l'entre-deux-guerres mondiales, cette largeur est remise en cause par les pays sous-développés, sans succès. En 1952, plusieurs États latino-américains, Chili, Équateur, Pérou, à la suite d'une déclaration adoptée à Santiago le 18 août, portent leurs eaux territoriales à 200 milles (370 km) ; ils seront ainsi à l'origine du concept de mer patrimoniale apparu en 1970 : la mer comme patrimoine de l'État. D'autres États du sous-continent américain se contenteraient d'une mer territoriale de 12 milles complétée par une zone de pêche où ils pourraient réserver l'exclusivité des prises à leurs ressortissants. À la Conférence des Nations unies de 1960, de nombreux PVD d'Afrique, d'Amérique latine et d'Asie ainsi que des pays de l'Est communistes se prononcent pour l'extension des eaux territoriales à 12 milles et se heurtent au refus des pays développés. Lors de la conférence de 1960 s'élabore un compromis, suggéré par les États-Unis, prévoyant de porter la mer territoriale à 6 milles suivis d'une zone de pêche de 6 milles ; il manque une voix pour que soit atteinte la majorité des 2/3 nécessaire à l'élaboration du texte. Aucune disposition conventionnelle ne régit donc la question. Pour nombre d'États il en ressort que la règle coutumière classique ne s'applique plus et que chacun est libre de fixer ses eaux territoriales jusqu'à 12 milles nautiques, voire au-delà. En France, une loi du 24 décembre 1971 autorise une extension des eaux françaises jusqu'à 12 milles ; elles recouvrent ainsi 340 000 km^2, ce qui donne au pays le 45e rang sur 118 États maritimes. En 1979, dix États ont des eaux comprises entre 12 et 200 milles, quatorze des eaux allant jusqu'à 200 milles. Cependant à la troisième conférence sur le droit de la mer, la limite de 12 milles (22,2 km) est largement acceptée ; elle semble avoir acquis un caractère coutumier et en tout cas elle figure à l'article 3 de la Convention de Montego Bay ; toutefois, au moment de son adoption, une quinzaine d'États ont des eaux inférieures à la limite des 12 milles, dont les États-Unis, ce qui ne fait pas de difficulté puisqu'il s'agit d'un maximum et non d'une obligation ; en revanche, une douzaine dépassent le chiffre et devraient le corriger. Les États-Unis se sont ralliés aux 12 milles en 1988.

Pour ce qui est de la délimitation entre États dont les côtes sont adjacentes ou se font face, l'article 15 de la Convention énonce la règle de l'équidistance par rapport à la ligne de base, conduisant au tracé d'une ligne médiane à partir de points équidistants, sauf titres historiques ou autres circonstances spéciales ou accord différent entre les deux États. Cela revient à consacrer la règle coutumière du *système équidistance/circonstances spéciales* permettant une délimitation sur une base équitable, consacrée à l'occasion de divers contentieux. Par exemple dans l'affaire du plateau continental de la mer d'Iroise opposant la France et le Royaume-Uni, la sentence arbitrale rendue le 30 juin 1977 estime que « la règle combinant équidistance/circonstances spéciales constitue l'expression d'une norme générale suivant laquelle la limite entre États [...] doit, en l'absence d'accord, être déterminée selon des principes équitables » (*RSA*, vol. XVIII, p. 175).

Le statut a longtemps relevé d'un régime coutumier, codifié en 1958 puis 1982, les deux conventions adoptant également des dispositions de développement du droit tenant compte des inévitables évolutions depuis le XVIIIe siècle, notamment en ce qui concerne le passage innocent.

Selon l'article 2 de la Convention de Montego Bay : 1. « La souveraineté de l'État côtier s'étend, au-delà de son territoire et de ses eaux intérieures [...] à une zone de mer adjacente désignée sous le nom de mer territoriale ;

2. Cette souveraineté s'étend à l'espace aérien au-dessus de la mer territoriale, ainsi qu'au fond de cette mer et à son sous-sol. »

Mais en vertu du droit international, il n'y a pas de monopole, d'exclusivité de la compétence de l'État ; il entre en concurrence avec l'État du pavillon (c'est-à-dire celui dont relève le navire) ou celui de la nationalité de la personne. La mer territoriale n'est donc pas équivalente à l'espace terrestre.

L'État côtier ne peut exercer sa juridiction civile à l'égard d'une personne à bord (article 28) et il ne peut exercer sa juridiction pénale qui si une infraction commise à bord a des conséquences pour lui, ou est de nature à troubler la paix du pays ou l'ordre dans la mer territoriale, ou intéresse le trafic illicite des stupéfiants, à moins que le navire provienne de ses eaux intérieures (article 27).

Les navires de guerre bénéficient d'un régime d'immunité total mais si l'un d'eux ne respecte pas les lois et règlements de l'État côtier, celui-ci peut exiger qu'il quitte immédiatement les eaux territoriales.

Sinon, l'État côtier dispose de pouvoirs étendus. Il définit le régime de la pêche ; il peut en réserver l'exclusivité à ses nationaux ou l'ouvrir à des étrangers unilatéralement ou sur la base de conventions. Il édicte les règles de sécurité de la navigation (notamment pour créer des couloirs de séparation du trafic), de réglementation de la pollution, celles relatives aux questions douanières ou sanitaires. Ceci lui donne un droit de surveillance des navires : visite, capture, détention et confiscation d'articles prohibés. Un navire peut être immobilisé et saisi mais l'État du pavillon peut obtenir la mainlevée moyennant une caution (affaire du Saïga, Saint-Vincent et Grenadines c / Guinée, Tribunal international du droit de la mer, TIDM, 4 décembre 1997). L'État côtier dispose d'un droit de poursuite des navires contrevenants vers le large qui cesse à la limite d'autres eaux territoriales.

En contrepartie, les navires étrangers bénéficient d'un droit de passage inoffensif (ou innocent) (articles 17 à 26) pour traverser, quitter ou se rendre dans les eaux territoriales. Le passage doit être continu et rapide sauf arrêt nécessaire. Cependant le passage n'est pas inoffensif s'il y a atteinte à la paix, au bon ordre et à la sécurité de l'État riverain ; ces hypothèses sont entendues de manière extensive par la Convention de Montego Bay, ce qui a fait dire que le *droit* de passage innocent se restreignait comme une peau de chagrin ; l'article 12 énumère douze cas dans lesquels l'atteinte est caractérisée, entre autres, en cas de recours à la force, de manœuvres avec armes, d'espionnage, de propagande, de pêche irrégulière, de pollution etc. Le passage des sous-marins n'est innocent que s'ils font surface. Le passage peut être suspendu sans discrimination si cela est indispensable à la sécurité de l'État.

b. Les espaces dans lesquels l'État ne peut que projeter des compétences ou exercer des droits souverains

Ce sont la zone contiguë, la zone économique exclusive et le plateau continental.

* La zone contiguë

Au XVIIe siècle, la Grande-Bretagne revendique un contrôle douanier au-delà de ses eaux territoriales La notion de zone contiguë (à la mer territoriale) reçoit une consécration coutumière au XXe siècle ; lors de la conférence de 1930 elle est admise. Elle est conventionnellement officialisée en 1958 et confirmée par la Convention de Montego Bay alors que la question pouvait se poser de son maintien dès lors que l'étendue des eaux territoriales correspond à celle de la zone contiguë dans la Convention de 1958 : 12 milles.

Elle peut désormais être portée jusqu'à 24 mille marins au-delà de la ligne de base.

À vrai dire, l'État tout au plus y projette quelques compétences et n'y exerce pas vraiment des droits souverains. L'État côtier peut y exercer un contrôle pour prévenir et réprimer les contraventions à ses lois de police fiscale, sanitaire ou d'immigration commises sur son territoire ou dans sa mer territoriale (article 33) et il dispose en pareil cas à partir de la zone d'un droit de poursuite si celle-ci n'a pas commencé auparavant. Elle joue donc comme un filet de sécurité supplémentaire pour l'application des législations concernées.

* La zone économique exclusive (ZEE)

À partir des années 1950, les PVD mettent l'accent sur l'importance économique de la mer pour eux et ils veulent protéger les ressources au large de leurs côtes contre le pillage par les flottes de pêche des pays riches. Des pays latino-américains vont jusqu'à porter leurs eaux territoriales jusqu'à 200 milles (*cf.* p. 74) ; cette position maximaliste est difficile à tenir car l'exercice de toutes les compétences attachées à la mer territoriale suppose des moyens importants. D'autres États souhaitent créer simplement des zones de pêche dans lesquels ils pourraient réserver l'exclusivité à leurs nationaux mais rencontrent l'échec en 1958 et 1960. Puis le Kenya lance l'idée de zone économique exclusive devant le Comité juridique consultatif africano-asiatique en 1971. Le concept est repris en 1973 par une déclaration de l'OUA. Son succès est patent dès le début des travaux de la troisième conférence des Nations unies sur le droit de la mer et dès la première session de travail à Caracas en 1974, elle semble devoir être admise. Très vite et avant toute consécration conventionnelle, des États adoptent des législations en ce sens, de sorte qu'on a pu parler à son propos d'une *coutume sauvage* pour laquelle à la fois l'idée précède la pratique et la règle coutumière se dégage avec une grande rapidité. Ainsi pour la France une loi du 16 juillet 1976 autorise la création par décret d'une ZEE au large de toutes les côtes, sauf en Méditerranée et au large de la Terre-Adélie (Antarctique), car il y a un consensus entre les États pour ne pas verrouiller la pêche dans ces zones ; cela confère à la France, du fait notamment de son outre-mer, une ZEE de 11 millions de km^2, une des plus vastes au monde.

La Convention de Montego Bay autorise (article 55) la création d'une zone économique exclusive jusqu'à 200 milles à partir de la ligne de base (370,4 km) ; elle chevauche donc au départ la zone contiguë ; elle intéresse le lit de la mer, les fonds marins et les eaux surjacentes. Si toutes les ZEE potentielles sont créées, elles représentent 30 % des eaux maritimes et des fonds marins, 85 % des hydrocarbures *off shore* et l'essentiel des ressources vivantes marines.

La délimitation entre États dont les côtes sont adjacentes ou se font face se fait par accord pour aboutir « à une solution équitable » (article 74).

Le régime juridique de la ZEE recouvre un large spectre de compétences en matière économique. L'État côtier exerce des droits souverains d'exploration, d'exploitation, de conservation et de gestion des ressources naturelles renouvelables (par exemple : ressources halieutiques) et non renouvelables (par exemple : hydrocarbures) du fond des mers, du sous-sol et des eaux surjacentes, du pouvoir en matière de recherche scientifique. Il peut créer des îles artificielles et des installations pour l'exploitation des ressources (plates-formes de forage pétrolier) avec une zone de sécurité de 500 mètres à partir de chaque point du bord extérieur. Il existe un droit de poursuite en cas d'infraction aux règles applicables dans la zone.

En contrepartie, des obligations pèsent sur l'État. Sous réserve des règles précédemment énumérées, le régime de la haute mer s'applique, que l'État doit respecter, c'est-à-dire la liberté de navigation et de survol, la possibilité pour quiconque de poser des câbles et des pipe-lines sur le fond de la mer. En outre, les États sans littoral ou géographiquement désavantagés (ceux disposant d'un accès défavorable aux ressources biologiques de la mer) ont un droit à participer sous une forme équitable à l'exploitation d'une partie du reliquat des ressources biologiques dans les ZEE de la même région ou sous-région sur la base d'accords bilatéraux ou régionaux ou sous-régionaux ; les États développés sans littoral ou désavantagés n'y participent que dans les zones des pays développés (articles 69 et 70) ; il faut voir là, in fine, une bien modeste règle de droit du développement (*cf.* tome I, pp. 199-203).

* Le plateau continental

C'est la partie à peu plate du socle des continents qui s'étend sous la mer depuis le rivage jusqu'à une profondeur en moyenne de 135 mètres sous l'eau (mais pouvant atteindre 550 mètres) qui marque en général une rupture de pente au bas de laquelle sont situés les fonds marins. La largeur du plateau varie de 0 à 2 000 km (dans l'océan Arctique au large de la Sibérie notamment) ; elle est en moyenne de 80 km. Pendant longtemps, cette zone n'intéresse gère le droit car elle n'est pas objet d'exploitation. Puis vers la fin de la deuxième guerre mondiale, l'exploitation des hydrocarbures y devient techniquement possible et c'est ainsi qu'intervient la proclamation Truman, président américain, le 28 septembre 1945, affirmant le droit de juridiction et de contrôle des États-Unis sur les ressources du plateau continental. Les autres États ne tardent pas à suivre.

La Convention de 1958 sur le plateau continental a prévu une première méthode de délimitation qui s'est avérée peu pertinente ce qui a conduit à l'adoption de nouvelles règles dans la Convention de Montego Bay. Il en ressort (article 76), pour l'essentiel, que le plateau intéresse les fonds marins et le sous-sol au-delà de la mer territoriale sur toute l'étendue du prolongement naturel du territoire jusqu'au rebord extrême de la marge continentale[9] dans la limite de 350 milles (soit environ 650 km) à partir de la ligne de base ou jusqu'à 200 milles de la ligne de base de la mer territoriale si la marge se trouve à une distance inférieure. Un État bénéficiant au large de ses côtes d'un plateau géographiquement très étendu ne peut donc juridiquement pas englober le plateau au-delà de 350 milles vers le large ; mais cela lui procure des compétences sur 150 milles au-delà de sa ZEE s'il choisit d'en créer une. Inversement, un État qui géographiquement ne dispose pas de plateau car la rupture de pente vers le fond de la mer se produit près de ses côtes, peut créer juridiquement un plateau continental, qui en fait va correspondre à des fonds marins. Le plateau continental est donc une construction juridique largement déconnectée de la nature : c'est du *construit* plus que du *donné*.

Entre États riverains, la délimitation se fait par accord afin d'aboutir à une solution équitable (article 83).

Le statut du plateau continental confère à l'État des droits souverains d'exploration et d'exploitation des ressources naturelles non vivantes et des organismes vivants sédentaires comme les

9. La marge continentale recouvre le talus du plateau ainsi que le glacis, les éboulis situés à son pied, que l'on retrouve sous l'eau exactement comme au bas d'un plateau en montagne. Il convient d'ajouter que les règles de délimitation prévues par l'article 76 sont un peu plus complexes que celles de la présentation donnée ici qui correspond aux situations les plus courantes.

coraux ou les moules. La Convention de 1958 ne donnait pas de définition de l'espèce sédentaire. En 1962, un différend surgit entre la France et le Brésil à propos de la pêche à la langouste à laquelle les Français se livrent au large du Brésil, le crustacé constituant une espèce mobile pour les uns, sédentaire pour les autres ; l'affaire se règle par un compromis autorisant un quota de prises pour les Français. Afin d'éviter de telles difficultés à l'avenir, la Convention de Montego Bay définit les espèces sédentaires (article 77) comme celles qui sont immobiles ou incapables de se déplacer autrement qu'en restant en contact avec le fond ou le sous-sol : ce qui rampe ou creuse. L'État peut construire îles et installations dans les mêmes conditions que dans la ZEE.

Sous réserve de ces règles s'applique le régime de la haute mer : liberté de navigation, de pêche et de survol, possibilité de déposer câbles et pipelines sur le fond de la mer. Outre l'obligation de respecter ce régime, l'État côtier doit acquitter des contributions en espèce ou en nature au titre de l'exploitation des ressources non biologiques au-delà de 200 milles ; ces contributions sont dues à partir de la sixième année de l'exploitation d'un site et, commençant à 1 % de la valeur ou du volume exploités, elles atteignent au maximum 7 % au bout de 7 ans. Les contributions s'effectuent par l'intermédiaire de l'Autorité (nom de l'organisation internationale pour les fonds marins) qui les répartit entre les États selon des critères équitables compte tenu des besoins des PVD, notamment les PMA et les pays sans littoral. C'est là encore une disposition de droit du développement.

Les enjeux en matière maritime, en particulier économiques, sont très importants ; cela explique l'existence d'un contentieux abondant porté devant des arbitres ou des juridictions internationales en matière de délimitation ou d'exploitation des ressources.

3. La délimitation de l'espace aérien

Pendant longtemps, la navigation aérienne demeure embryonnaire. Le premier essai de montgolfière date de 1783, celui du planeur de 1856 et celui de l'aéronef de 1890. Puis la première guerre mondiale contribue à l'accélération du progrès en matière d'aviation. La navigation aérienne se développe et il convient de l'encadrer juridiquement par la voie conventionnelle dans la mesure où la coutume n'a pas le temps de se former. C'est ainsi qu'est adoptée à Paris le 13 octobre 1919 la Convention sur la navigation aérienne. Elle est remplacée, pour cause d'évolution rapide de la situation, par celle de Chicago du 7 décembre 1944 relative à l'aviation civile internationale, complétée par l'accord relatif au transit des services aériens internationaux et l'accord relatif au transport aérien international ; la Convention crée en outre l'Organisation de l'aviation civile internationale (OACI), siégeant à Montréal.

Il ressort de cet appareil conventionnel que, à l'horizontale, l'espace aérien de l'État s'étend au-dessus de l'espace terrestre et de la mer territoriale de l'État ; au-delà commence l'espace aérien international. À la verticale l'espace aérien de l'État va jusqu'à l'espace extra-atmosphérique mais il n'existe pas de délimitation précise entre les deux, par exemple dans la Convention de 1967 relative à l'utilisation pacifique de l'espace extra-atmosphérique. Il n'est en effet pas possible de définir de manière simple, traduisible en critères opératoires d'un point de vue juridique, ni la limite de l'atmosphère ni celle du champ magnétique terrestre, de l'attraction terrestre. Cette indétermination pourrait poser problème en raison du développement de la navigation spatiale et des satellites en orbite au-dessus de la Terre.

D'un point de vue statutaire, l'État sous-jacent exerce une souveraineté complète dans l'espace atmosphérique ou aérien au-dessus de son territoire terrestre et maritime. Cela signifie que l'État autorise ou non le survol en fonction éventuellement d'accords spéciaux. C'est la règle qui s'applique aux aéronefs d'État affectés à des services publics : militaires, douaniers, postaux ou de police. L'aviation civile n'aurait pas pu se développer comme elle l'a fait dans un tel environnement juridique et la Convention de Chicago s'efforce précisément de la faciliter en promouvant des *libertés de l'air*, applicables en temps de paix, libertés non commerciales et libertés commerciales.

Les libertés non commerciales recouvrent la liberté d'accès, de survol, d'escales techniques. Elles s'appliquent *de plano* pour les aéronefs non commerciaux et commerciaux non réguliers (= les charters) immatriculés dans des États liés par la Convention. Pour les aéronefs commerciaux réguliers, ces libertés s'appliquent si l'État d'immatriculation est partie à la Convention et aux deux accords qui la complètent.

Les libertés commerciales, c'est-à-dire le droit d'embarquer et de débarquer des passagers et des biens entre l'État territorial et celui dont relève l'aéronef ou un État tiers sont prévues en principe par la Convention pour les transports commerciaux réguliers mais elles sont mises en œuvre par des accords bilatéraux. Pour les transports commerciaux non réguliers, la Convention stipule qu'ils bénéficient de ces libertés dans le cadre de la réglementation de l'État ; en pratique, de nombreux accords bilatéraux ou multilatéraux existent, ce qui explique le développement des charters.

Les libertés supposent que les États en cause soient parties aux Actes de Chicago, sinon, les activités sont soumises à autorisation. La Convention autorise l'interception d'un aéronef survolant le territoire sans autorisation quand celle-ci est requise et il peut être obligé d'atterrir mais il n'existe pas de droit de poursuite pour l'État sous-jacent.

Au-dessus de la haute mer s'applique *la* liberté de l'air.

C. La compétence territoriale

Le territoire fonde l'État à exercer son pouvoir : il constitue un titre de compétence de l'État, la compétence pouvant être définie comme un pouvoir que le droit confère à ses sujets en vertu duquel ils peuvent agir librement dans le respect de la légalité. Dans l'affaire de l'île des Palmes (1928), l'arbitre Max

Huber montre l'importance de la compétence territoriale ; elle emporte à l'égard du territoire « le droit d'y exercer les fonctions de l'État à l'exclusion de tout autre », c'est-à-dire qu'elle est à la fois plénière et exclusive. Sont envisagés ci-après les caractères généraux de la compétence territoriale, plénitude et exclusivité, les traits spécifiques de son exercice dans les espaces maritime et aérien ayant fait l'objet d'un examen ci-dessus (pp. 70-83).

1. *La plénitude de la compétence territoriale*

a. Le contenu de la compétence territoriale comme compétence plénière

Le pouvoir de l'État sur son territoire n'est pas celui d'un propriétaire ; c'est le pouvoir d'accomplir toutes (plénitude) les fonctions étatiques dans l'intérêt général. L'État est fondé à atteindre toutes les personnes et tous les biens se trouvant sur son territoire. Par ce biais, il exerce son pouvoir à l'égard de ses nationaux mais aussi des étrangers dont, au regard du droit international, il détermine librement le statut, qu'il s'agisse des personnes ou de leurs biens, ainsi que les modalités d'accueil. Sur la base de son droit interne, il peut les refouler à ses frontières, les admettre, leur accorder l'asile s'ils sont persécutés, poursuivis, inculpés et même condamnés pour des raisons raciales, religieuses, politiques, philosophiques dans leur pays ; il peut aussi les expulser unilatéralement ou encore les extrader à la demande d'un État tiers ; l'extradition n'est en principe accordée qu'en cas d'infraction de droit commun (et non politique) et elle n'est obligatoire que sur la base de conventions bilatérales ou multilatérales.

En contrepartie de ces pouvoirs très larges, l'État est tenu à certaines obligations. Pour les étrangers est apparue au XIXe siècle l'idée d'un *standard minimum de garantie* dans le traitement à leur accorder sous l'influence des grandes puissances, dont les contours restent imprécis. La notion a été critiquée par les PVD à cause de son origine revenant à favoriser les ressortissants des pays riches sur leur sol. Aujourd'hui, si l'idée d'un tel *traitement international type* subsiste, elle est largement reléguée au second plan par les progrès accomplis en matière de protection des droits de l'homme, ou, en situation de conflit, de droit humanitaire. Les États concluent cependant de nombreux accords bilatéraux intéressant le traitement à réserver aux nationaux de l'autre État sur leur territoire (conventions d'établissement, de protection des investissements). Il existe aussi des conventions multilatérales : dans le cadre de l'OIT (protection des travailleurs migrants), des Nations unies (Convention de New York du 18 décembre 1990 sur la protection des droits de tous les travailleurs migrants et de leur famille, difficilement entrée en vigueur le 1er juillet 2003), ou dans un cadre régional, européen notamment. Le traitement des étrangers ne se confond donc pas avec celui des nationaux, ni avec celui des êtres humains en général, lesquels ont vocation à bénéficier des droits humains, combinaison des droits de l'homme et du droit humanitaire.

L'État ne doit pas organiser ni tolérer et encore moins encourager sur son territoire des entreprises, des actions dirigées contre d'autres États ou de manière plus large à l'encontre de l'intérêt général. Cette obligation est illustrée en particulier par l'affaire du détroit de Corfou (*cf.* p. 21-22) jugée par la CIJ en 1949 ; à propos des mines immergées dans le détroit, l'origine de l'immersion (albanaise ou autre) n'est pas clairement établie, en revanche il est clair que les autorités albanaises en connaissaient l'existence ; dès lors, la responsabilité de l'Albanie est engagée car elle aurait dû informer les tiers sur la présence des mines et assurer la sécurité de la navigation. Plus récemment, dans l'affaire du projet de Gabcikovo-Nagymaros, la CIJ (§53 de l'arrêt du 25 septembre 1997) estime : « L'obligation générale qu'ont les États de veiller à ce que les activités exercées dans les limites de leur juridiction [...] respectent l'environnement dans d'autres États ou dans des zones ne relevant d'aucune juridiction nationale fait maintenant partie du corps de règles de droit international de l'environnement. »

b. Les exceptions à la plénitude de la compétence territoriale

Il est des hypothèses où des biens ou des personnes situés sur le territoire de l'État échappent à sa compétence. Certaines d'entre elles n'ont plus qu'un intérêt historique, d'autres sont toujours d'actualité.

Dans le passé, le régime des **capitulations** (*cf.* tome I, pp. 19-21) permettait aux ressortissants d'un État situés sur le territoire d'un autre d'échapper aux lois, à la police, à la justice de l'État territorial. Le régime, d'abord pratiqué en terre ottomane en faveur des États de l'Europe chrétienne s'est par la suite étendu à l'Afrique, au Moyen-Orient, à la Chine et a constitué un procédé de colonisation indirecte. Il a été abandonné dans les années 1950 où il a encore donné lieu à un arrêt de la CIJ en 1952 relatif à la situation des ressortissants américains au Maroc.

La **concession** repose sur un accord en vertu duquel un État renonce sans limitation de durée à exercer sa compétence sur une partie de son territoire moyennant une contrepartie financière versée par un autre État. Ce régime a été très pratiqué en Chine dans les grandes villes où des quartiers étaient affectés à telle ou telle catégorie d'étrangers (Américains, Britanniques, Français, etc.) ; il l'a été aussi au détriment de la Turquie : en 1878, cession d'administration sur la Bosnie-Herzégovine transférée à l'Autriche qui l'annexe en 1908, sur Chypre à la Grande-Bretagne qui l'annexe en 1914. Ce régime a été celui du canal de Panama : par le traité Hay / Bunau-Varilla du 18 novembre 1903, le Panama renonce à exercer sa compétence sur une bande de 10 milles de part et d'autre du canal moyennant une redevance annuelle versée par les États-Unis. Après bien des péripéties, deux accords sont conclus le 7 septembre 1977, l'un sur la neutralité et le fonctionnement permanent du canal, l'autre sur le canal prévoyant le recouvrement progressif de l'exercice de ses compétences par le Panama au plus tard le 31 décembre 1999 ; en fait, la rétrocession intervient le 14 décembre 1999. Avec l'extinction de cette concession, ce type de régime a cessé d'exister.

La **cession à bail** correspond à un régime proche du précédent, la différence consistant en ce que la cession est conclue, comme l'indique son appellation, pour un *bail*, une durée déterminée. Pour partie, cela a été un procédé de colonisation indirecte, utilisé notamment en Chine pour des étendues importantes généralement pour 99 ans. Deux cas ont subsisté longtemps : ceux de Hong-Kong et de Macao. Pour Macao, un traité de 1887 confère, moyennant une redevance annuelle et pour 99 ans, sa gestion au Portugal, installé là en depuis 1557. Après l'ouverture de négociations en juin 1986, un accord, acquis sans grande difficulté le 23 mars 1987 car Macao n'est pas une place économique et financière de premier plan, prévoit la fin de la cession le 20 décembre 1999 avec le maintien du système économique et financier libéral. Pour Hong-Kong, la situation est depuis toujours complexe. En 1842 et 1860, certaines parcelles de l'enclave sont cédées au Royaume-Uni purement et simplement ; d'autres font l'objet d'une cession à bail de 99 ans en 1898. Mais la Chine affirmera que tous ces territoires, occupés momentanément par la Grande-Bretagne, relèvent de sa souveraineté et en 1972, ils sont exclus de la liste des territoires non autonomes bien que le Royaume-Uni continue à les administrer. La question est délicate en raison de l'importance de Hong-Kong comme place financière et économique au niveau mondial ; un bouleversement radical du régime financier pourrait provoquer une grave crise internationale. Le 26 octobre 1984 finit par être signée à Pékin une Déclaration conjointe de la Chine et du Royaume-Uni sur la question de Hong-Kong prévoyant le dessaisissement britannique le 30 juin 1997 pour la totalité du territoire et la constitution d'une *zone administrative spéciale* pour au moins 50 ans, bénéficiant d'une large autonomie par rapport au reste du territoire chinois dans le cadre du concept « un seul pays, deux systèmes » : maintien du régime financier et économique, introduction (mais pas généralisation) du phénomène de l'élection, peu pratiqué il est vrai par les Britanniques, sauf dans les années précédant leur retrait ; la Chine n'interviendra pas directement dans la gestion tout en étant responsable des affaires étrangères et de la défense avec la possibilité de faire stationner des troupes. Le 30 juin 1997, le retrait britannique est effectif ; la démocratisation est depuis au point mort.

Toutes les cessions à bail n'ont pas disparu car le procédé est utilisé pour les bases militaires étrangères (américaines, françaises...) : un accord est conclu pour 99 ans ou une autre durée, prévoyant la renonciation de l'État territorial à l'exercice de ses compétences sur le territoire de la base moyennant une redevance ; les accords récents n'entraînent généralement pas la renonciation de l'État territorial à toutes ses compétences.

Les régimes d'immunités dont bénéficient certaines personnes ou certains biens sur le territoire d'un État constituent une autre importante série d'exceptions à la plénitude de compétence territoriale : immunités des agents et missions diplomatiques ou consulaires, des chefs d'État ou membres de gouvernement étrangers, immunités des locaux et agents des organisations intergouvernementales, des navires et aéronefs d'État affectés à des services publics.

On pourrait encore ajouter à ces exemples ceux du protectorat, aujourd'hui révolu (*cf.* p. 60) ou de l'occupation militaire. Celle-ci ne devrait plus exister ; elle est pourtant encore d'actualité ; ce régime s'est appliqué lors de l'envahissement du Koweït par l'Irak en 1990 (résolutions du CS 666, 670, 674/1990) ou de l'Irak par la coalition conduite par les États-Unis en 2003 jusqu'en juin 2004 (résolutions 1483 et 1511/2003 et 1546/2004) et il s'applique au territoire palestinien occupé par Israël (accord intérimaire de Washington du 28 septembre 1995 entre Israël et l'OLP).

2. L'exclusivité de la compétence territoriale

Elle signifie que l'État territorial est le seul à pouvoir exercer des activités étatiques ; les autres États sont exclus. Les États sont attachés à leur monopole de l'exercice de la contrainte, de la juridiction et de l'organisation des services publics et de l'État en général. Pourtant il existe des exceptions irrégulières et d'autres régulières à cette exclusivité.

a. Les exceptions irrégulières

Les exceptions irrégulières constituent autant de violations et leur illicéité n'est pas contestée. Elles ont souvent trait à l'exercice de la contrainte et les exemples sont nombreux, plus ou moins graves. L'affaire Joly en est une illustration presque cocasse mais s'accompagnant tout de même de la violation du territoire de la Belgique. Durant l'entre-deux-guerres mondiales, un ressortissant belge, monsieur Joly, est soupçonné d'avoir commis un vol dans le nord de la France. Il est poursuivi par la victime et deux gardes champêtres jusqu'en territoire belge où il est rattrapé, arrêté, ramené en France, emprisonné pour être jugé. Le gouvernement belge proteste contre cet exercice de la contrainte dans son territoire et demande la restitution de son national. Le tribunal français compétent, le tribunal correctionnel d'Avesnes, se prononce le 22 juillet 1933 en faveur d'une remise en liberté immédiate en considérant que « le pouvoir d'arrestation est atteint d'une nullité substantielle absolue ». Comme exemple ayant eu un retentissement international peut être mentionné le cas d'Alfred Eichmann, ancien SS responsable de l'extermination de juifs dans treize pays européens entre 1938 et 1945, enlevé en 1960 en Argentine par des agents israéliens, ramené en Israël où il sera jugé, condamné à mort et exécuté. L'Argentine a protesté contre cette violation de son territoire ; Israël a présenté des excuses et réparé les dommages matériels causés. Bien entendu les interventions irrégulières pratiquées sur le territoire d'un État se rattachent à cette rubrique (*cf.* p. 19 et s.).

b. Les exceptions régulières

Des exceptions régulières à l'exclusivité de la compétence territoriale peuvent avoir une origine conventionnelle ou coutumière.

Les accords de capitulation, de concession, de cession à bail, de protectorat confèrent à chaque fois à des autorités étrangères le pouvoir d'exercer des activités étatiques sur le territoire de l'État territorial, par exemple, contrainte et juridiction par les consuls en vertu des accords de capitulation.

C'est la coutume, certes codifiée désormais, qui a dessiné les contours de l'activité des agents diplomatiques et consulaires : organisation du vote de leurs ressortissants n'impliquant pas une représentation du territoire, délivrance d'actes de l'état civil. De même il est admis coutumièrement que le pouvoir de police sur des forces armées régulièrement stationnées en temps de paix sur le territoire d'un État est exercé par la police militaire de l'État d'envoi ; la règle est plus incertaine pour l'exercice de la juridiction ; en toute hypothèse, le stationnement régulier de forces armées est le plus souvent autorisé par une convention (base militaire, manœuvres réalisées en commun) qui généralement règle leur statut (*cf.* p. 102-103). S'ajoutent à la liste les cas d'interventions régulières envisagées au titre du principe de non-intervention (*cf.* p. 19 et s.).

§2 – La population

À chaque territoire correspond une collectivité humaine sans laquelle il n'y a pas d'État. Dans un idéal simplificateur, elle constituerait une nation. Nation et État ne coïncident pas toujours et il n'est guère aisé de définir la nation : objectivement à partir de caractéristiques ethniques ou religieuses ou linguistiques (conception allemande), subjectivement à partir d'un *vouloir vivre en commun* (conception française) ? D'un point de vue juridique, la nation n'est guère un concept opératoire en revanche celui de nationalité permet de rendre compte du rattachement juridique d'un individu (ou d'une entité) à un État. Comment se détermine la nationalité ? La grande liberté laissée aux États en la matière engendre des conflits de nationalité. Une fois établie, elle emporte pour l'État un titre de compétence : la compétence personnelle.

A. La détermination de la nationalité

Il existe une nationalité des personnes physiques mais aussi des personnes morales ainsi que de certains engins et véhicules (navires, aéronefs, engins spatiaux). Ne sera envisagée ici que celle des personnes physiques. Elle se définit simplement : « La nationalité désigne le lien juridique entre une personne et un État » (article 3 de la Convention européenne sur la nationalité de novembre 1997). La nationalité caractérise le rattachement juridique de cet individu à l'État indépendamment de l'endroit où il se trouve : territoire de cet État, d'un autre État, espace hors de toute souveraineté étatique.

Chaque État est exclusivement compétent pour déterminer les conditions d'attribution de sa nationalité (Avis consultatif rendu par la CPJI le 7 février 1923 dans l'affaire des décrets de nationalité en Tunisie et au Maroc opposant la France et la Grande-Bretagne, p. 24). La nationalité peut être acquise, si l'on regarde l'institution sous l'angle de l'individu, à la naissance, ou plus tard, par l'exercice d'un droit, ou encore sur la base d'une décision discrétionnaire de l'État (naturalisation).

Pour la détermination de la nationalité d'origine, acquise à la naissance, les États ont à leur disposition deux critères qu'ils utilisent et combinent à discrétion : le critère des liens du sang et celui du lien territorial. Le critère des liens de sang ou *jus sanguinis* fait reposer la nationalité sur la filiation ; il est privilégié par les pays d'émigration car il permet de garder un lien fort avec la diaspora ; mais d'autres pays y recourent comme la France : en vertu de l'article 18 du code civil « est français l'enfant, légitime ou naturel, dont l'un des parents au moins est français ».

Le critère du lien territorial ou *jus soli* prend en considération la naissance dans le territoire de l'État quelle que soit la nationalité des parents, sachant qu'on ne l'appliquera pas aux enfants de diplomates ; il favorise l'intégration et est volontiers pratiqué par les pays d'immigration comme les États-Unis ou la France :

en vertu de l'article 19 du code civil « est français l'enfant né en France de parents inconnus », ou 19-1 « est français : 1° L'enfant né en France de parents apatrides ; 2° L'enfant né en France de parents étrangers [dans la mesure où il n'est pas susceptible d'acquérir une autre nationalité] » ou encore, article 19-3 « est français l'enfant [...] né en France lorsque l'un de ses parents au moins y est né ». Il convient de préciser que l'enfant peut répudier cette nationalité (articles 18-1 et 19-4).

En fonction de la législation de l'État, la nationalité peut encore être acquise par l'exercice d'un droit, plus ou moins assujetti à des conditions, sur la base d'une déclaration : par mariage ou en raison de la résidence combinée à la naissance (articles 21-2 à 6 et 21-7 à 11 du code civil français).

L'État peut ne prendre en considération aucun de ces facteurs et accorder sa nationalité de façon plus discrétionnaire « par décision de l'autorité publique » selon la formule du code civil français au moyen de la naturalisation (par exemple : article 21-14 à 21-25-1 du code civil français).

Le droit international laisse donc une grande latitude à l'État sous réserve, comme le soulignait le texte de la Convention du 12 avril 1930 sur les conflits de lois en matière de nationalité, non entrée en vigueur, mais considérée comme exprimant le droit coutumier, que sa législation soit en accord avec les conventions internationales, la coutume internationale et les principes généraux de droit reconnus en matière de nationalité. Cela confère aux juges et aux arbitres un assez large pouvoir pour apprécier l'opposabilité d'un lien de nationalité aux tiers ; ceux-ci tendent à privilégier le critère de l'effectivité, du moins dans le cas de double nationalité, comme l'illustre l'affaire Nottebohm jugée par la CIJ le 6 avril 1955. Monsieur Nottebohm naît à Hambourg en 1881 avec la nationalité allemande, celle de ses parents. En 1905 il s'installe au Guatemala où se situent désormais ses intérêts économiques. Au début de la seconde guerre mondiale, il redoute d'être traité en ressortissant d'un État ennemi, qualité qui, en vertu de droit de la guerre, permet de saisir les biens et interner l'individu. Il envoie son fondé de pouvoir au Liechtenstein, réputé accorder le bénéfice de sa nationalité de manière relativement aisée, moyennant une somme d'argent et l'acquisition de la *bourgeoisie* ; quoiqu'il ne remplisse pas les conditions de cette dernière, il obtient la nationalité du Liechtenstein, par naturalisation donc. Le Guatemala n'en tient pas compte et, pendant la guerre, place ses biens sous séquestre et lui-même est interné. Libéré à la fin de la guerre, il éprouve de la difficulté à récupérer ses biens et demande au Liechtenstein de protéger ses intérêts, ce que cet État accepte de faire. La Cour caractérise la nationalité comme « un lien juridique ayant à sa base un fait social de rattachement, une solidarité effective d'existence, d'intérêts, de sentiments joints à une réciprocité de droits et de devoirs ». Pour elle, le lien de nationalité doit coïncider avec la situation concrète de l'individu. En l'espèce, Nottebohm a des liens effectifs avec l'Allemagne, avec le Guatemala mais pas avec le Liechtenstein ; dans ses rapports avec ce dernier, cette nationalité crée peut-être des droits et obligations réciproques mais elle n'est pas opposable aux États tiers ; par conséquent, la principauté ne peut le protéger à l'égard du Guatemala.

B. Les conflits de nationalité

La liberté des États en matière d'attribution de la nationalité conjuguée avec de nombreuses combinaisons possibles des critères utilisables conduisent à ce que certaines personnes ont des nationalités multiples alors que d'autres en sont dépourvues et sont apatrides.

1. Les nationalités multiples

Un individu peut avoir une nationalité d'origine, puis se marier avec un ressortissant[10] étranger et acquérir sa nationalité, puis

10. La notion de ressortissant est aujourd'hui largement équivalente de celle de national. Cela n'a pas toujours été le cas à l'époque de la colonisation où existaient des liens spéciaux avec les populations coloniales sans attribution de la nationalité au sens strict ; il en existe des survivances, par exemple dans les rapports du Royaume-Uni avec les populations d'anciens dominions.

s'établir sur le territoire d'un autre État dont il obtient la nationalité par naturalisation, etc. Aucune règle ne limite le nombre de nationalités d'un individu. La multiplication est cependant freinée par le fait que certains États subordonnent l'attribution de leur nationalité à la renonciation à la nationalité d'origine. La situation du plurinational est à la fois bonne et mauvaise : bonne parce qu'il dispose de plusieurs passeports et possibilités de protection ; elle est aussi défavorable car il est soumis au respect des obligations créées par tous les États nationaux, notamment en matière militaire et fiscale. D'autre part, en cas de difficulté et de demande de protection de sa part, il se peut que chaque État le renvoie à un autre et qu'en définitive aucun ne veuille le protéger.

Des conventions s'efforcent de supprimer ces inconvénients, dans un cadre universel (Convention sur la femme mariée du 20 février 1957), régional (Convention sur la réduction des cas de pluralité de nationalité du Conseil de l'Europe du 6 mai 1963) ou, fréquemment, bilatéral.

2. L'apatridie

« L'on entend par apatride une personne qui n'est considérée comme son ressortissant par aucun État en application de sa législation » : c'est la définition donnée par la Convention de 1954 relative au statut des apatrides.

Comment une telle situation peut-elle se créer alors que les critères d'attribution de la nationalité sont si variés ? La réponse est liée à la grande liberté des États : ils sont aussi libres pour retirer leur nationalité que pour l'accorder, sur la base de leur droit interne. Dans certaines situations historiques, des États pratiquent des retraits massifs de nationalité : par exemple l'URSS à l'égard des *Russes blancs* émigrés du fait de leur opposition politique et considérés comme déloyaux ou l'Italie fasciste à l'égard des émigrés, incités à un moment donné à rentrer au pays sous peine de retrait de la nationalité ou l'Allemagne nazie à l'encontre des juifs émigrés. Il y a aussi des déchéances individualisées liées à la commission de certaines infractions (article 25 du code civil français, par exemple).

La situation de l'apatride présente de nombreux inconvénients : il est considéré partout comme un étranger, or certaines législations sont plus favorables aux nationaux qu'aux étrangers, par exemple pour entrer dans la fonction publique ; il n'a pas de passeport et aura des difficultés pour voyager. Inversement, elle peut présenter quelques avantages comme la non-soumission aux obligations militaires. Dans l'ensemble, la balance est plutôt négative.

De nombreux cas d'apatridie étant apparus après la deuxième guerre mondiale, plusieurs conventions sont adoptées dans ce domaine sous les auspices des Nations unies. Le 30 août 1961 est adoptée, sur la base des travaux de la CDI, la Convention sur la réduction des cas d'apatridie. L'État partie s'engage à donner sa nationalité à l'individu né sur son territoire ou à celui dont un des parents a sa nationalité et il s'engage à ne pas priver un individu de sa nationalité si cela doit le rendre apatride. Les ratifications sont peu nombreuses ; la Convention n'est entrée en vigueur qu'en 1975 et en 2002, elle n'a obtenu que 22 ratifications. La Convention sur le statut des apatrides adoptée le 28 septembre 1954, entrée en vigueur en 1960 et ratifiée en 2002 par 53 États, permet de doter les apatrides d'un filet minimum de sécurité en matière d'accès à la justice, à l'enseignement primaire et à la protection sociale, mais il est devenu peu significatif car les États parties ont généralement une législation plus favorable à l'égard des étrangers, donc des apatrides situés sur leur territoire.

Il convient de ne pas confondre les réfugiés et les apatrides. Les réfugiés fuient leur pays d'origine car ils risquent d'y être persécutés, maltraités en raison de leurs convictions ou de leurs caractères raciaux. Ils n'ont pas perdu leur nationalité mais ils ne peuvent guère s'en prévaloir et rapidement, n'auront plus de passeport faute de pouvoir le faire renouveler. Une convention du 28 juillet 1951 prévoit que l'État de séjour partie leur accorde un statut sur lequel celui de l'apatride sera calqué tout en étant moins favorable, 3 ans après ; la convention ne s'applique qu'aux réfugiés en raison d'évènements antérieurs à son adoption et elle est complétée par un protocole du 31 janvier 1967 qui étend cette protection aux nouveaux groupes de réfugiés. Nombre de réfugiés aujourd'hui le sont en fait pour des raisons économiques et ne bénéficient pas de ces textes. Le Haut-Commissariat des Nations unies pour les réfugiés s'efforce de leur venir en aide aux côtés d'autres OIG et ONG.

C. La compétence personnelle

Il pourrait paraître logique que le titre de compétence correspondant au lien de nationalité soit intitulé compétence nationale. Mais l'expression *compétence nationale* recouvre tous les titres de compétence de l'État ; lorsque l'on dit qu'une affaire relève de la compétence nationale de l'État, c'est qu'elle est au sens large de la compétence de l'État et que nulle ingérence n'est acceptable. Pour caractériser la compétence liée à l'existence de nationaux, personnes morales ou physiques pour l'essentiel, c'est donc l'expression de compétence personnelle qui est pertinente. Elle confère à l'État des pouvoirs à l'égard de ses nationaux ainsi que la possibilité de les protéger en exerçant sa protection diplomatique.

1. Les pouvoirs de l'État à l'égard de ses nationaux

L'État peut légiférer, au sens large, à l'égard de ses nationaux où qu'ils se trouvent. Lorsqu'ils sont dans le territoire de l'État national, l'exercice de la compétence personnelle se confond largement avec celui de la compétence territoriale ; les deux ne se recouvrent cependant pas totalement dans la mesure où la législation applicable aux nationaux n'est pas identique à celle applicable aux étrangers. Dans cette première hypothèse, il est facile à l'État de prendre des mesures d'exécution à l'égard du national et de le juger le cas échéant.

Lorsque le national se trouve dans le territoire d'un autre État, la compétence personnelle se heurte à la compétence territoriale : l'État du national perd sa compétence d'exécution, sauf accord de l'autre État (admission de l'effet extraterritorial de la loi nationale, entraide judiciaire ou policière, convention d'extradition…). En revanche l'État du national peut prendre en considération des faits survenus à l'étranger : imposition des revenus ou bénéfices perçus, incrimination d'infractions.

Si le national est dans un espace non soumis à souveraineté étatique, l'État n'a pas de difficulté à exercer sa compétence aussi bien normative que d'exécution, sous réserve de la concurrence de compétence avec l'État du pavillon, d'immatriculation de l'aéronef ou avec l'Autorité des fonds marins.

2. *La protection diplomatique*

L'État peut prendre à son compte, *endosser* la réclamation de l'un de ses nationaux qui ne parvient pas à obtenir l'exécution d'une obligation due par un État étranger (créance par exemple). La CPJI en fait à propos de l'affaire des concessions Mavrommatis en Palestine dans sa décision du 30 août 1924 (révocation par la Grande-Bretagne de concessions de distribution de l'eau accordées par la Turquie à un ressortissant grec) « un principe élémentaire du droit international […] qui autorise l'État à protéger ses nationaux lésés par des actes contraires au droit international commis par un autre État […]. En prenant fait et cause pour l'un des siens […], cet État fait, à vrai dire, valoir son droit propre, le droit qu'il a de faire respecter, en la personne de ses ressortissants, le droit international » (Rec, p. 12).

L'État national est libre, au regard du droit international, d'exercer ou pas cette protection. Il a le choix du moment comme des moyens (négociation, recours à la médiation, à un procédé juridictionnel…). Il choisit également les modalités de redistribution des indemnités éventuellement perçues. Cela est logique puisque le différend qui oppose au départ une personne privée à un État devient, dès que la protection diplomatique est exercée, un différend entre États : la personne privée s'efface ; c'est ce qui ressort de l'arrêt de la CPJI. En droit interne français, l'exercice de la protection diplomatique relève de la catégorie des actes de gouvernement, c'est-à-dire des actes non contrôlés par le juge. Il n'en va pas de même dans tous les droits internes : certains créent une obligation à l'État.

La fiction de l'effacement du national derrière l'État n'est cependant pas totale. Le droit international impose deux conditions à la recevabilité de la protection diplomatique qui tiennent à la personne bénéficiaire. Celle-ci doit traditionnellement avoir la nationalité de l'État à la date de survenance du fait illicite et elle doit la garder jusqu'au règlement de l'affaire. Cependant, il existe depuis longtemps certains assouplissements en cas de changement de nationalité lié à un remariage ou une succession d'État ; les travaux en cours de la CDI, qui a décidé en 1996 d'entreprendre l'étude de la question, sont favorables à l'extension de la protection en direction des apatrides et des réfugiés résidant habituellement sur le territoire de l'État réclamant. La deuxième condition tient à l'épuisement des voies de recours internes : l'État n'est recevable à formuler sa réclamation que si la personne privée a épuisé toutes les voies de recours internes, gracieuses ou contentieuses et elle doit rapporter la preuve que ses démarches ont été inefficaces.

Les organisations intergouvernementales peuvent exercer une protection fonctionnelle de leurs agents en cas de dommage subi dans l'exercice des fonctions : cela ressort de l'avis rendu par la CIJ le 11 avril 1949 relatif à la réparation des dommages subis au service des Nations unies.

§3 – L'organisation des pouvoirs publics

Il ne peut pas y avoir d'État sans organisation des pouvoirs publics, en l'absence desquels il n'y a pas de vie en société cohérente. D'un autre côté, l'organisation politique et administrative de l'État semble relever du droit interne et de la compétence nationale. Mais comme l'État n'existe pas sans cet élément se pose nécessairement la question de la détermination de l'organisation des pouvoirs publics caractéristique de l'État ; depuis longtemps le droit international fait peser sur elle l'exigence d'effectivité alors que traditionnellement, il était largement indifférent, au nom du respect de la souveraineté, à la nature du régime politique ; aujourd'hui, la question de l'équivalence, au regard du droit international, des régimes politiques est posée. Dès lors que ce troisième élément constitutif est présent, l'État en retire un titre de compétence : la compétence de service public.

A. La question de l'équivalence des régimes politiques

L'indifférence traditionnelle du droit international à l'égard du mode d'organisation des pouvoirs publics de l'État tend à évoluer sous l'influence des progrès des droits de l'homme, de l'idée de démocratie et de l'État de droit.

La densité des conventions relatives aux droits de l'homme et des mécanismes juridictionnels et parajuridictionnels de mise en œuvre de ces droits tant au plan universel que régional pousse en ce sens. Cependant l'idée d'universalité des droits de l'homme est loin d'être admise et les conceptions régionales peuvent encore être assez diverses.

À partir des avancées néanmoins considérables dans le domaine des droits de l'homme, certains États, généralement occidentaux, mettent de plus en plus l'accent sur la nécessaire promotion de la démocratie, de l'État de droit et encore un peu plus récemment, de la bonne gouvernance. L'aide internationale au développement est désormais souvent conditionnée au respect de ces éléments (*cf.*, tome I, p. 231).

Un principe de légitimité démocratique semble en voie de formation à travers tant des résolutions de l'AGNU (*cf.* p. 49), que d'une activité considérable d'aide à la démocratisation accomplie par des organisations et organismes régionaux : Conseil de l'Europe, OEA, OSCE, UE ; cela peut prendre la forme d'aide à la rédaction de constitutions et législations, à la création d'institutions juridictionnelles et policières, à l'organisation et à la surveillance des processus électoraux. De plus en plus aussi des opérations de paix établies par le Conseil de sécurité ou conduites par des organisations régionales ont en charge l'aide à la constitution de forces de police et/ou de forces armées caractéristiques de l'État de droit démocratique (UE en Bosnie-Herzégovine, Nations unies en Haïti, OTAN en

Afghanistan pour ne donner que quelques exemples) et ces forces contribuent au bon déroulement des processus électoraux ainsi qu'à la promotion d'une culture démocratique. Il arrive même qu'une force de paix de l'ONU, une force de casques bleus, reçoive à titre principal et sur la base du chapitre VII de la Charte, celui qui autorise le recours à la coercition, pour mandat de « pourvoir, à titre d'appui au Gouvernement de transition, à la sécurité et à la stabilité propices au bon déroulement du processus constitutionnel et politique en Haïti », d'aider ce même Gouvernement de transition à réformer la police, à rétablir l'État de droit, la sécurité publique et l'ordre public, les droits de l'homme : c'est le cas de la Mission des Nations unies pour la stabilisation en Haïti (MINUSTAH), créée par la résolution du Conseil de sécurité 1542 du 30 avril 2004.

Il serait probablement exagéré d'affirmer qu'existe déjà un principe du droit positif imposant aux États de se conformer au modèle démocratique (d'origine occidentale) supposant mise en œuvre des droits de l'homme et réalisation de l'État de droit, car les trois aspects sont indissociables ; il y a encore de fortes résistances, certains États n'entendant pas se voir imposer un modèle d'origine occidentale. Du moins peut-on dire qu'un tel principe est en voie d'élaboration et celle-ci est déjà très avancée en Europe et en Amérique latine. L'indifférence totale à l'égard de la nature du régime politique n'a plus cours. En toute hypothèse, à supposer que les standards s'universalisent vraiment un jour, l'État restera libre, à condition de se conformer à eux, de son organisation constitutionnelle et administrative.

B. L'exigence d'effectivité

L'organisation des pouvoirs publics, quelle qu'elle soit, doit être suffisante pour pouvoir caractériser l'État. Elle doit comporter tous les éléments permettant de faire fonctionner une collectivité étatique ; elle doit être capable de contrôler la totalité du territoire, d'y maintenir l'ordre public ce qui lui permettra de remplir les engagements internationaux de l'État.

Quand il n'existe plus de pouvoirs publics effectifs, quand ils se désagrègent, l'État devient lui aussi déliquescent. C'est ce qui s'est produit en Somalie. En janvier 1991, le président Siyaad Barré a été renversé sans que l'opposition soit unie et capable de susciter la formation d'un gouvernement ; depuis, le pouvoir est aux mains de multiples factions et le siège de la Somalie au Nations unies est vacant depuis 1962 ; il y a certes quelques progrès depuis 2004 avec des élections au… Kenya d'autorités, qui ne siègent encore fin 2005 que partiellement sur le territoire national et ne répondent donc pas à l'exigence d'effectivité. La situation est toutefois compliquée du fait de la partition du Somaliland (ex-Somalie britannique). Quand l'organisation effective des pouvoirs publics est présente, et c'est le cas dans la quasi-totalité des sociétés, à la fois l'État existe et en retire la compétence relative aux services publics.

C. La compétence relative aux services publics ou compétence de service public

Les deux expressions sont équivalentes. La compétence de service public, c'est bien sûr la compétence de l'État pour créer et organiser ses services publics. Elle lui confère aussi un titre opposable aux autres États soit sur le territoire des autres États soit dans les espaces non soumis à souveraineté étatique.

1. *L'exercice de la compétence de service public dans les espaces soumis à souveraineté étatique*

Dès lors qu'un Etat accepte sur son territoire – il n'est pas obligé de le faire – des démembrements de services publics d'un autre État, il est tenu de respecter les immunités qui découlent de la compétence de service public :

- immunités des navires et aéronefs publics (qui s'appliquent aussi dans les espaces non soumis à souveraineté) ;
- immunités des services diplomatiques et consulaires qui à la fois les font échapper à la loi territoriale et leur permettent d'exercer certaines activités correspondant à leur spécialité :

établissement et délivrance de documents d'état civil, célébration de mariages, organisation d'élections, de manifestations culturelles ou commerciales. Ces immunités ne s'expliquent pas par l'extraterritorialité qui supposerait des accords de cession mais sont liées à l'affectation de personnes et de biens à un service public étranger.

La compétence de service public explique aussi la situation particulière des forces armées régulièrement stationnées sur le territoire d'un autre État, en vertu d'accords relatif à une base militaire, ou pour des manœuvres ponctuelles, ou dans le cas d'un navire et de ses marins faisant relâche dans un port après autorisation. Souvent le régime de ces forces est régi par des conventions internationales. Sinon s'applique la règle selon laquelle l'État dont relèvent les forces exerce la police et la juridiction à leur égard. Cette règle est reconnue en particulier dans l'affaire des déserteurs de Casablanca arbitrée par la Cour permanente d'arbitrage (CPA) le 22 mai 1909 (*RSA*, vol. XI, p. 126). L'Acte d'Algésiras (1906) confie à la France la responsabilité du maintien de l'ordre au Maroc, avant l'Accord de protectorat de 1912. À la suite de troubles, la France occupe militairement en 1907 la zone de Casablanca au moyen de détachements de la Légion étrangère. En 1908, six légionnaires désertent, parmi lesquels des Allemands. Ils sont rattrapés au cours de leur fuite par la police militaire française et la France entend les juger. Un différend naît alors avec l'Allemagne qui met en avant sa compétence personnelle et fait valoir que les faits se déroulent en territoire marocain. Les rapports franco-allemands sont particulièrement mauvais à cette époque-là, précisément à cause de ce que l'on caractérise souvent de rivalités franco-allemandes au Maroc. L'affaire ne dégénère pas puisqu'elle est soumise à la CPA créée en 1899. La Cour donne raison à la France : « Un corps d'occupation exerce en règle générale une juridiction exclusive sur tous les hommes appartenant audit corps d'occupation. » Cependant, durant la deuxième guerre mondiale, si les États-Unis se sont montrés favorables à cette conception, il n'en a pas été de même de la Grande-Bretagne. Dans les conventions, si la police est confiée à l'État dont relèvent les forces, ce n'est pas toujours le cas s'agissant de la justice.

2. L'exercice de la compétence de service public dans les espaces non soumis à souveraineté étatique

Dans les espaces non soumis à souveraineté étatique, la compétence de service public permet à l'État d'exercer certains droits tels le droit de poursuite en haute mer, l'arraisonnement, la saisie et la reconduite dans les ports de l'État des navires marchands auteurs de violations de sa législation, et cela au moyen de ses navires garde-côtes, douaniers, de guerre ou aéronefs publics. Elle explique aussi la possibilité d'intervenir en haute mer afin de prévenir et réprimer des faits de pollution en cas de menace pour le littoral de l'État, dans le cadre des coutumes et conventions existantes (article 221 de la Convention de Montego Bay) ou encore, en cas de guerre, la compétence des navires de guerre pour contrôler la navigation neutre.

Le jeu de la compétence de service public, mise en avant par la doctrine française, est donc loin d'être négligeable d'autant que, l'affaire des déserteurs de Casablanca le montre, elle l'emporte sur la compétence personnelle et sur la compétence territoriale.

SECTION II
LES TRANSFORMATIONS DE L'ÉTAT ET LEUR RECONNAISSANCE

L'État bénéficie en principe de la stabilité ainsi que le veut son étymologie (*status*: ce qui est stable). Cela ne se vérifie pas toujours. On emploie souvent en France l'expression *parenthèse de Vichy*, comme si l'État France avait connu une sorte de rupture. Les États en effet, ne sont pas forcément des entités immuables, ni existantes de toute éternité. Il y a un moment où se forme l'État. Cela peut être le produit d'une lente sédimentation de l'histoire. Parfois, le processus est beaucoup plus brutal, dans le cas de la décolonisation, ou de la dislocation. Comment l'État nouveau va-t-il s'insérer dans la société internationale? Une fois créé, un État peut être affecté par des bouleversements qui auront des répercussions sur ses relations avec les autres parce qu'ils touchent les fondements politiques de l'État, son organisation constitutionnelle de pouvoirs publics: coup d'État, révolution, insurrection. Comment les autres vont-ils manifester leur volonté d'entrer en relation avec de nouvelles autorités soulevant un problème de légitimité ou de légalité? À défaut d'un appareil institutionnel permettant la prise en compte, l'enregistrement de ces transformations, les États ont pris l'habitude de manifester leur acceptation ou leur refus en pratiquant une reconnaissance ou en s'abstenant de le faire. On comprend aisément que la réaction des États est souvent dictée par des mobiles politiques et que la reconnaissance entretient une relation délicate avec le droit: la signification de la reconnaissance n'est pas facile à dégager (§3), une fois analysés les divers cas de reconnaissance correspondant aux péripéties susceptibles d'affecter un État (§1) et l'exercice de la reconnaissance (§2).

La reconnaissance peut être définie comme une manifestation de volonté par laquelle un sujet de droit admet la validité d'une situation donnée. Elle s'oppose à la protestation, qui marque le refus d'admettre la validité d'une situation. La reconnaissance peut donc trouver à s'appliquer dans des hypothèses multiples: l'État peut reconnaître un traité, une frontière, bien au-delà des péripéties qui intéressent l'État et son organisation de pouvoirs publics, seuls cas envisagés ici[11].

§1 – Les divers cas de reconnaissance

Traditionnellement sont distingués les cas principaux de reconnaissance qui sont relatifs à des bouleversements à l'évidence

11. Dans cette section sont prises en considération les réactions des États tiers à la naissance ou aux bouleversements affectant la vie d'un État. Le droit international s'intéresse aussi aux conséquences de la naissance de nouveaux États et de la disparition d'États existants pour les populations, les biens de l'État, les traités ou l'appartenance aux organisations internationales, c'est-à-dire à la question de la succession d'États.

considérables (reconnaissance d'État, de gouvernement) et les cas de reconnaissances mineures (reconnaissance d'insurgés, de belligérance, de nation, de mouvement de libération nationale) ; ces reconnaissances sont dites mineures non pas parce que les répercussions des évènements auxquelles elles correspondent seraient anodines, mais parce que les entités reconnues ne constituent en quelque sorte que des bouleversements en puissance, qui peut-être ne déboucheront pas.

A. Les cas principaux de reconnaissance

Ils trouvent à s'exercer lorsqu'apparaît soit un nouvel État soit, au sein d'un État, un nouveau gouvernement.

1. La reconnaissance d'État

Il existe deux modes de création, de formation d'un nouvel État : primaire et secondaire.

Le mode de formation primaire correspond à la création d'un État sur un territoire qui n'a pas connu jusque-là de forme étatique. Soit elle est l'œuvre d'une population fixée sur un territoire et qui progressivement se dote de structures étatiques sans qu'il soit possible de déterminer avec certitude la formation de l'État, produit de toute une évolution : cas de la France ou de la Grande-Bretagne et de nombre d'États européens qui sont en même temps les initiateurs de l'État souverain. Soit la création est rapide et peut assez facilement être datée : ainsi en 1822 la république du Liberia est fondée en Afrique par des anciens esclaves affranchis par une société philanthropique américaine ; toutefois la proclamation officielle de la république indépendante du Liberia est effectuée en 1847. De façon plus simple, mais moins durable, les Boers d'origine hollandaise ont créé en 1837 la république du Transvaal, dont le territoire est aujourd'hui situé en République sud-africaine.

Le mode de formation est dit secondaire lorsqu'un nouvel État se crée à partir de structures étatiques préétablies. Il peut correspondre à la sécession. Ainsi les États-Unis ont-ils fait sécession par rapport à la Grande-Bretagne en 1776; par la suite, la tentative de sécession du Sud du pays au XIXe siècle a échoué à l'issue de la défaite des Sudistes dans la guerre de sécession (1861-1865). La dislocation ou dissolution d'un État provoquera la naissance de plusieurs États nouveaux: 15 États issus de l'Union soviétique entre septembre et décembre 1991; Slovaquie et République tchèque issues en janvier 1993 de la Tchécoslovaquie; 5 États constitués à partir de la Yougoslavie entre 1991 et 1992. Une unification ou réunification d'États provoque aussi la naissance d'un nouvel État: Allemagne et Yemen en 1990. La formation secondaire peut aussi être liée à un processus plus artificiel: décision du Concert européen au Congrès de Berlin en 1878 de création de Serbie, Bulgarie et Roumanie détachées de l'Empire ottoman ou encore création de plusieurs États d'Europe centrale en 1919 par les traités de paix conclus après la première guerre mondiale. Dans tous ces cas, il y a succession d'État(s).

Une fois créé, l'État existe en tant que tel puisqu'il est titulaire d'un territoire, d'une population et de pouvoirs publics effectifs mais il n'est pas pour autant un membre actif de la société internationale; il lui faut pour cela être pris en considération par les autres États. C'est pourquoi s'est établie la pratique selon laquelle la naissance d'un nouvel État est consacrée (bien sûr pas au sens religieux) au moyen de la reconnaissance de la part des autres États. La reconnaissance est déjà connue au XVIIIe siècle; ainsi la France reconnaît-elle les 13 colonies indépendantes d'Amérique du Nord (futurs États-Unis) en 1778. La pratique ne s'enracine véritablement qu'au début du XIXe siècle. L'Institut du droit international définira en 1936 la reconnaissance d'État comme: « L'acte par lequel les anciens États attestent l'apparition d'une nouvelle société politique indépendante, capable d'observer le droit des gens, et manifestent leur volonté de le considérer comme membre de la communauté internationale. » Dès le départ, il est admis que la reconnaissance d'État vaut en même temps reconnaissance du gouvernement en place.

2. La reconnaissance de gouvernement

En principe un changement de gouvernement est un phénomène purement interne et même un bouleversement de l'organisation constitutionnelle de l'État n'a pas de répercussions en droit international. Le principe de continuité de l'État s'applique quelles que soient les modifications qui l'affectent : il reste titulaire des droits et obligations contractés par les divers gouvernements prédécesseurs. Il devrait en résulter que les États tiers sont conduits à considérer tous les gouvernements d'un État de la même manière, même s'ils résultent d'un processus révolutionnaire ou d'un coup d'État. Mais en pratique, l'usage veut qu'à l'égard d'un gouvernement arrivé au pouvoir dans des formes non constitutionnelles, donc après une révolution ou un coup d'État, soit pratiquée une reconnaissance de gouvernement. Ainsi après la Révolution d'octobre 1917 en Russie, le gouvernement soviétique est reconnu par la France et la Grande-Bretagne en 1924 et par les États-Unis en 1933. À l'époque d'ailleurs, les autorités soviétiques, estimant qu'il n'y a pas eu simple changement de gouvernement mais d'État souhaitent une reconnaissance d'État, sans succès. Les pays occidentaux préfèrent une reconnaissance de gouvernement, ce qui permet d'invoquer la continuité de l'État et de ses obligations internationales[12]. L'avènement du communisme en Chine en 1949 se traduit par une reconnaissance du nouveau gouvernement par le Royaume-Uni en 1950, par la France en 1964 ou par les États-Unis en 1978.

Un problème particulier se pose en cas de guerre lorsque des gouvernements s'exilent pour n'avoir pas à collaborer avec une puissance occupante, ce qui est fréquent durant la seconde guerre mondiale. Un tel gouvernement n'exerce évidemment plus l'effectivité du pouvoir. Il est cependant admis et pratiqué que les États qui le reconnaissent avant la perte de contrôle du territoire maintiennent avec lui les relations diplomatiques sans tenir compte de cet évènement.

12. En toute hypothèse, la dette d'État, étant, en cas de succession en dehors de la décolonisation, transmise en principe au successeur, le type de reconnaissance ne pouvait pas avoir d'incidence sur les *emprunts russes*.

L'établissement éventuel d'une structure de type gouvernemental en exil alors qu'un gouvernement subsiste sur le territoire de l'État ne se ramène pas au cas précédent puisque cette entité n'existe pas auparavant. Convient-il de reconnaître et sous quelle forme la ou les autorités correspondant à cette situation ? C'est la question posée par l'institutionnalisation de la *France libre* durant la deuxième guerre mondiale. La réaction des États alliés sera généralement de pratiquer une reconnaissance spécifique correspondant à chacune des phases d'institutionnalisation et non une reconnaissance de gouvernement. Il s'agit d'une reconnaissance d'autorité politique. À la suite de l'appel du 18 juin 1940, la Grande-Bretagne reconnaît ainsi, dès le 28 juin, le général de Gaulle comme « chef de tous les Français libres », type d'autorité politique par laquelle lui-même se caractérise, tout en maintenant des relations diplomatiques avec la France du gouvernement de Vichy ; ces relations diplomatiques sont rompues par la France le 5 juillet 1940 à la suite du bombardement de la flotte française à Mers El Kébir par les Britanniques, qui redoutent alors qu'elle passe au service de l'Allemagne. En juin 1943, le Comité français de libération nationale, établi en Afrique du Nord, est reconnu par la Grande-Bretagne comme « administrant les territoires français d'outre-mer qui se placent sous son autorité et comme l'organisme qualifié pour assurer la conduite de l'effort français dans la guerre ». Les États-Unis agissent de la même manière en précisant qu'il ne s'agit pas d'une reconnaissance de gouvernement. À l'égard du gouvernement provisoire de la République française (GPRF) créé en juin 1944, plusieurs États pratiquent une reconnaissance de gouvernement (Belgique, Norvège, Pologne, Tchécoslovaquie) mais les États-Unis ne le reconnaissent que comme une autorité de fait en attendant qu'il soit possible de procéder à des élections ; le GPRF s'installe à Paris le 2 septembre 1944 et dès le 3 octobre il est reconnu comme gouvernement notamment par les trois puissances alliées, États-Unis, Grande-Bretagne et URSS.

La reconnaissance d'autorité politique relève bien entendu de la catégorie des reconnaissances mineures.

B. Les cas de reconnaissances mineures

Outre la reconnaissance d'autorité politique retiennent l'attention la reconnaissance d'insurgés, celles de belligérance, de nation et, assez différente des autres, celle de mouvement de libération nationale.

1. La reconnaissance d'insurgés

Elle est initialement pratiquée par les États-Unis à partir de 1868, puis par d'autres États, dans l'hypothèse où une révolte se déclenche contre un gouvernement dont les forces ne parviennent pas à la réprimer rapidement; la plupart du temps, il s'agit d'insurgés qui se battent sur mer et mènent une guerre de course contre les navires de l'État visé, comme des pirates. L'intérêt, pour eux, de la reconnaissance consiste en ce qu'ils ne sont pas, dans les rapports avec les États reconnaissants, traités comme des pirates mais comme des combattants auxquels s'applique le droit de la guerre et ils bénéficient du statut de prisonniers de guerre en cas de capture. L'État dont le gouvernement est contesté par les insurgés peut paradoxalement avoir intérêt à les reconnaître bien que ce soit en même temps un aveu de faiblesse de sa part; en effet, s'ils finissent par l'emporter, l'État ne sera pas considéré comme responsable du fait des actes dommageables accomplis par les insurgés à l'encontre de personnes et biens étrangers; il en ira autrement si les insurgés gagnent. Cela explique que ce cas de reconnaissance ait plutôt été pratiqué par les gouvernements mis en cause. Il est aujourd'hui tombé en désuétude.

2. La reconnaissance de belligérance

Elle est proche du cas précédent mais elle vise l'hypothèse dans laquelle la guerre civile prenant de l'importance, les insurgés dominent toute une portion du territoire sur laquelle ils exercent un pouvoir effectif. La pratique de cette reconnaissance se développe au XIXe siècle, là encore sous l'influence des États-Unis qui reconnaissent ainsi les belligérants des colonies espagnoles en 1817 avant de pouvoir les reconnaître comme États. La Grande-Bretagne procède de la même manière en 1819. Cette reconnaissance sera aussi accordée aux Grecs vers 1820 avant leur indépendance. Elle le sera encore à l'égard des Sudistes américains pendant la guerre de sécession (1861-1865): en 1861, ils disposent d'un gouvernement (avec pour président Jefferson Davis), d'une armée (commandée par le général Lee) et d'une capitale, Richmond. Les confédérés sudistes sont reconnus comme belligérants par la plupart des pays européens, dont la France et la Grande-Bretagne.

La reconnaissance de belligérance produit des effets assez importants: elle permet, là encore, l'application du droit de la guerre aux insurgés, ce qui se traduit dans les rapports avec les États tiers par la mise en œuvre éventuelle des règles de la neutralité; elle autorise la conclusion de conventions pour la subsistance de la collectivité.

Elle constitue une promesse politique de reconnaissance de gouvernement en cas de victoire, mais pas un engagement; elle est assez inamicale à l'égard du gouvernement central, qui saura s'en souvenir s'il l'emporte. Après la deuxième guerre mondiale, elle est tombée en déclin alors que nombre de situations de décolonisation auraient pu conduire à l'utiliser.

3. *La reconnaissance de nation*

Pratiquée pendant la première guerre mondiale, elle constitue alors une application du principe des nationalités: des États reconnaissent que des nations ont vocation à se constituer en États. Utilisée en faveur des Polonais et des Tchèques (et admise par la CPJI dans son avis n° 7), elle leur permet sur le moment de lever des armées se battant sous leur drapeau; l'absence de contrôle d'un territoire ne permet pas de les considérer comme des États. En revanche, cette reconnaissance signifie qu'est admise la prétention des Polonais de reconstituer un État et des Tchèques de créer le leur, qui sera la Tchécoslovaquie.

4. La reconnaissance de mouvement de libération nationale

Elle est liée à la vague de décolonisation de l'après seconde guerre mondiale, mais elle est peu utilisée par les États. Ceux-ci pourraient se servir de la reconnaissance de belligérance ; en fait, pour marquer leur soutien aux peuples en lutte, ils préfèrent pratiquer directement des reconnaissances de gouvernement voire d'État alors que les situations ne correspondent pas encore à ce cas, faute d'un gouvernement contrôlant effectivement le territoire national : la sympathie politique l'emporte sur le souci du droit.

Ce sont surtout des organisations internationales et mouvements politiques qui se livrent à la reconnaissance des mouvements de libération nationale en leur accordant des statuts d'observateur considérés comme signifiant cette reconnaissance. Dans un premier temps ce sont des organisations régionales qui accordent ce statut : OUA, LEA, mais aussi le mouvement des non alignés ; quand le mouvement de libération s'enracine, l'ONU prend le relais, conférant des statuts d'observateurs plus ou moins perfectionnés : accès aux commissions, aux organes subsidiaires et aux conférences onusiennes intéressant le pays, ou plus rarement à l'Assemblée générale (SWAPO, *South west african people Organization* et aussi OLP) ou encore plus rarement au Conseil de sécurité (OLP).

§2 – L'exercice de la reconnaissance

Il recouvre la compétence de reconnaître et les modalités de la reconnaissance.

A. La compétence de reconnaître

Si la société internationale était davantage institutionnalisée, on pourrait imaginer qu'une organisation du type des Nations unies tienne un registre des nouveaux États, gouvernements, etc. On est loin du compte et c'est pourquoi la reconnaissance est pratiquée par les États. Certes pour les mouvements de libération nationale, on vient de voir que l'octroi de statuts d'observateurs est assimilé à la reconnaissance, mais ce dernier terme n'est pas officiellement employé.

La question a été posée de savoir si l'État dispose d'un pouvoir discrétionnaire en matière de reconnaissance. Certains auteurs, en particulier le Français Georges Scelle, auraient voulu durant les années 1930 en faire une obligation juridique conditionnée à l'effectivité : obligation de reconnaître les situations effectives au moins pour la reconnaissance d'État et de ne pas reconnaître à défaut d'effectivité. Cette conception n'a pas prévalu, car trop éloignée de la pratique. En 1936, l'Institut de droit international a adopté une résolution consacrant la liberté. Plus récemment la Commission d'arbitrage de la Conférence pour la paix en Yougoslavie a consacré ce point de vue dans son avis du 4 juillet 1992 : « La reconnaissance est un acte discrétionnaire. »

Une interrogation voisine a surgi lors de la création de la SDN : l'admission dans une organisation intergouvernementale vaut-elle reconnaissance par tous les autres membres ? Là encore, Georges Scelle estimait logique une réponse positive et il a été désavoué, plusieurs États refusant, du moins au départ, de reconnaître l'URSS admise en 1934 (Argentine, Belgique, Suisse). Pour l'ONU, la même prétention n'a pas été avancée et à sa cinquième session, l'Assemblée générale a adopté une résolution selon laquelle il y a indépendance entre l'admission à l'Organisation et la reconnaissance par les États membres. Cela peut sembler absurde, car deux États peuvent siéger côte à côte et ne pas se reconnaître. Pourtant, c'est sans doute là une sage décision : si admission et reconnaissance étaient liées, on assisterait au blocage de certaines admissions. D'autre part, le fait pour des États s'ignorant officiellement de siéger aux Nations unies (principale organisation pour laquelle la question se pose) permet le développement de la *diplomatie de couloir* ou encore dite du *38e étage* (où se situe le bureau du Secrétaire général). L'on songe entre autres à Israël et aux États arabes ; n'ont reconnu Israël que l'Égypte (1979), la Jordanie (1994) et la Mauritanie (1999). Le réalisme l'emporte là aussi sur une certaine logique juridique.

B. Les modalités de la reconnaissance

Les États, dans la pratique de la reconnaissance recourent à toutes sortes de modalités qui constituent une sorte de code à décrypter pour comprendre l'état des relations qu'ils nouent.

1. Reconnaissance individuelle ou collective

En général, la reconnaissance est individuelle : chaque État reconnaît l'État ou toute autre situation à reconnaître par un acte unilatéral. Il arrive aussi qu'elle soit effectuée collectivement par un traité multilatéral : par le traité de Constantinople de 1832, la France, la Grande-Bretagne, la Russie et la Turquie reconnaissent collectivement l'État grec ; les traités de 1919 reconnaissent collectivement la Pologne et la Tchécoslovaquie. Il ne faut pas confondre les reconnaissances collectives contenues dans un même acte juridique et les reconnaissances en quelque sorte groupées, pratiquées le même jour par plusieurs États, chacun par un acte unilatéral : entre le 23 et le 24 mars 1992, la Géorgie est reconnue par les 12 États membres de la Communauté économique européenne et les États-Unis ; entre le 28 et le 29 avril 1993, l'Érythrée est reconnue par le Canada, Djibouti, l'Égypte, les États-Unis, l'Iran et la Libye.

2. Reconnaissance expresse ou tacite

La reconnaissance est expresse quand elle est manifestée par un acte établissant sans équivoque la volonté de l'État de reconnaître : note ou télégramme diplomatique, déclaration par le ministre des Affaires étrangères, communiqué… Ainsi pour la reconnaissance réciproque de la Chine et des États-Unis, le 16 décembre 1978, les deux États publient chacun un communiqué commun suivi d'une déclaration des dirigeants annonçant la reconnaissance de l'un par l'autre. En 1950, pour reconnaître le gouvernement chinois, la Grande-Bretagne avait publié un communiqué annonçant : « Le gouvernement de Sa Majesté, ayant terminé l'examen de la situation résultant de la formation du gouvernement central du peuple de la république populaire de Chine et observant qu'il a maintenant, et de beaucoup, le contrôle effectif de la plus grande partie du territoire de la Chine, a, ce jour, reconnu ledit gouvernement comme le gouvernement *de jure* de la Chine. » La reconnaissance expresse peut aussi être effectuée par un traité bilatéral : reconnaissance par la France du Brésil en 1826.

La reconnaissance peut être tacite : c'est l'échange de missions diplomatiques et lui seul qui vaut reconnaissance implicite ; la reconnaissance du gouvernement de la Chine populaire par la France prend ainsi la forme d'un communiqué du 22 juin 1964 annonçant l'établissement de relations diplomatiques. L'envoi de missions consulaires ne vaut pas reconnaissance : jusqu'en en 1939, les États européens envoient des consuls au Mandchoukouo qu'ils ne veulent nullement reconnaître. La signature d'un texte n'entraîne pas non plus reconnaissance : le 17 décembre 1991, 35 États (dont les douze membres de la CEE et 9 des États issus de l'URSS) adoptent une Charte européenne de l'énergie ; une déclaration expose que la signature des cosignataires n'implique pas la reconnaissance. La conclusion d'accords bilatéraux ne vaut pas non plus en principe reconnaissance (à moins que les dispositions ou les travaux préparatoires n'autorisent une autre interprétation) : avant 1972, RDA et RFA concluent des accords commerciaux sans pour autant se reconnaître.

3. *Reconnaissance* de jure *ou* de facto

La pratique diplomatique utilise cette distinction que la doctrine récuse.

Il arrive qu'un État reconnaisse dans un premier temps un État ou un gouvernement *de facto*, ce qui est assimilable à une reconnaissance provisoire en attendant que la situation se consolide. Si la situation ne se consolide pas, la reconnaissance peut être révoquée. En 1920, les reconnaissances accordées par les Occidentaux aux provinces sécessionnistes de Géorgie, Arménie, Azerbaïdjan ont été retirées après la reconquête par les Bolcheviks. Dans le cas contraire, sera pratiquée une reconnaissance *de jure*, définitive.

La doctrine critique cette reconnaissance en deux temps. Pour elle, ou bien la reconnaissance n'a pas de sens ou bien elle a une portée juridique. Dans ce cas, une situation non effective, non consolidée ne doit pas être reconnue et il n'y a qu'une seule reconnaissance possible : celle des situations effectives, en une fois. Tout au plus serait-il possible de distinguer entre situation de fait (avant l'adoption d'une constitution par exemple) et situation de droit ; mais ce n'est pas en se basant sur ce type de considération que la distinction est utilisée par les États. Ainsi la Suisse a-t-elle reconnu *de facto* le gouvernement soviétique en 1941 alors que plusieurs constitutions avaient déjà été adoptées en URSS ; puis elle l'a reconnu *de jure* en 1946 sans que la situation ait fondamentalement changé en ce qui concerne l'effectivité ou l'institutionnalisation. L'État d'Israël en 1948 est d'abord reconnu *de facto* par les États-Unis, puis *de jure*. Les États entendent se ménager des marges de manœuvre.

4. Reconnaissance conditionnelle ou non

En général, la reconnaissance est accordée sans condition mais c'est parfois l'inverse. En 1878, le Congrès de Berlin reconnaît comme États indépendants la Roumanie et la Serbie en leur imposant d'assurer l'égalité de droit de tous les habitants et en 1919-1920, les traités de paix obligent les États d'Europe centrale à respecter les droits des minorités.

Au moment de l'éclatement de la Yougoslavie et de l'URSS des conditions sont formulées par les États européens et par les États-Unis en vue de la reconnaissance des nouveaux États. Le 16 décembre 1991, les ministres des Affaires étrangères de la Communauté économique européenne adoptent une « Déclaration sur les lignes directrices sur la reconnaissance des nouveaux États en Europe orientale et en Union soviétique », approuvée ensuite par le Conseil des ministres, selon laquelle ces États devront :

- respecter les dispositions des Nations unies et de l'acte final d'Helsinki sur l'État de droit, la démocratie, les droits de l'homme ;

- garantir les droits des groupes ethniques nationaux et des minorités ;
- respecter l'inviolabilité des frontières qui ne pourront être modifiées que par des moyens pacifiques et d'un commun accord ;
- reprendre à leur compte les engagements précédemment souscrits en matière de désarmement, de non-prolifération nucléaire, de sécurité et de stabilité régionale.

Une déclaration complémentaire prévoit pour la Yougoslavie que les bonnes résolutions allant dans le sens de ces principes doivent être transmises avant le 23 décembre 1991 à la Commission d'arbitrage de la Conférence pour la paix en Yougoslavie. Si ces conditions sont réunies, les douze reconnaîtront les États qui le demandent le 15 janvier 1992. En pratique, l'Allemagne reconnaît la Slovénie et la Croatie dès le 23 décembre et établit avec elles des relations diplomatiques le 15 janvier 1992, jour où les autres membres de la CEE engagent le processus de reconnaissance. De leur côté, les États-Unis en décembre 1991 subordonnent la reconnaissance des États issus de l'URSS, Russie mise à part, à l'adhésion au TNP en tant que non détenteurs de l'arme nucléaire.

§3 – LA SIGNIFICATION DE LA RECONNAISSANCE

Cette signification n'est pas aisée à dégager, entre d'un côté les prétentions de la doctrine qui veut lui donner un contenu juridique et se divise entre partisans du caractère constitutif de la reconnaissance et ceux qui n'y voient qu'un acte déclaratif, et d'un autre côté la pratique des États qui en fait un acte plus politique que juridique.

A. La reconnaissance, acte constitutif ou déclaratif ?

Pour les tenants du caractère constitutif (des auteurs très divers comme Anzilotti, Jellinek, Kelsen, Triepel) la reconnaissance a pour effet d'attribuer à un nouvel État la personnalité juridique internationale. L'État n'existerait qu'une fois reconnu ; la reconnaissance serait le quatrième élément constitutif de l'État. Cela revient à laisser aux États existants le pouvoir de déterminer quels sont les États nouveaux, ce qui risque de laisser de côté le principe d'effectivité. Cette position doctrinale n'est pas confirmée par la pratique. Entre États qui ne se reconnaissent pas, des rapports peuvent exister et des obligations juridiques réciproques peuvent naître. Ainsi, la CIJ estime en 1949 dans l'Affaire du détroit de Corfou que la responsabilité de l'Albanie est engagée envers la Grande-Bretagne et réciproquement, alors que la Grande-Bretagne n'a pas encore reconnu l'Albanie. De même RDA et RFA ont conclu des accords de commerce avant l'adoption du Traité fondamental en 1972.

En revanche, la reconnaissance a indiscutablement des effets constitutifs à l'égard des situations objets de reconnaissances mineures : avant d'être reconnus, insurgés, belligérants ou autorités politiques n'ont aucune existence juridique internationale.

La reconnaissance a donc plutôt un caractère déclaratif : la pratique et généralement la doctrine contemporaine vont dans ce sens. Cela signifie qu'elle se borne à constater qu'un nouvel État possède la personnalité juridique liée, elle, à la réunion des trois éléments constitutifs de l'État, ce qui, pour la doctrine, implique l'effectivité. L'existence de l'État comme sujet de droit international ne dépend pas de la reconnaissance ; celle-ci lui permet seulement d'exercer pleinement ses compétences sur la scène internationale. Dans sa résolution de 1936 précitée (§ 2, A), l'Institut de droit international estime : « La reconnaissance a un effet déclaratif. L'existence de l'État nouveau avec tous les effets qui s'attachent à cette existence n'est pas affectée par le refus de reconnaissance d'un ou plusieurs États. »

Dès lors, la reconnaissance serait-elle inutile si elle est simplement déclaratoire ? Certainement pas : elle n'est pas dépourvue d'effets. Tant qu'un État (ou un gouvernement) n'est pas reconnu, les effets extraterritoriaux de ses actes seront difficilement opposables ; il n'établira pas de relations diplomatiques ; il aura du mal à être admis dans les OIG ; il ne sera pas invité à participer aux conférences internationales, notamment de conclusion des traités. Un tel État dispose de droits mais il est dépourvu des moyens de les concrétiser. C'est la reconnaissance qui en fait un sujet vraiment actif. Évidemment, seul un nombre significatif de reconnaissances lui permet d'avoir une vie internationale normale. D'autre part, dès qu'un État reconnaît une situation, elle lui est opposable.

Pour caractériser les effets de la reconnaissance, plutôt que de disputer sur son caractère constitutif ou déclaratif, mieux vaut examiner la nature de la situation reconnue : soit elle est contraire au droit international et, la reconnaissance signifiant qu'on l'admet, elle vaut renonciation à se prévaloir de l'illégalité ; soit elle est conforme au droit international et, sauf pour les reconnaissances mineures, elle ne fait que confirmer l'existence de la situation.

La reconnaissance est certes un acte qui a des conséquences juridiques, mais elle est dominée par des mobiles politiques.

B. La reconnaissance, acte politique plus que juridique

Les États n'entendent pas se voir créer un pouvoir lié en matière de reconnaissance, en particulier en direction de l'effectivité. D'un autre côté, il leur arrive souvent de faire savoir dans quelle hypothèse ils ne pratiqueront pas telle ou telle forme de reconnaissance à travers ce que l'on a pris l'habitude d'appeler des doctrines de non-reconnaissance.

1. Reconnaissance et effectivité

En général, et cela est préférable, la liaison entre reconnaissance et effectivité existe dans la pratique des États : les situations effectives sont reconnues et inversement. Il se produit aussi trop souvent un décalage qui ne sera pas sanctionné à défaut d'obligations juridiques, sous réserve, on l'a vu, de l'opposabilité.

a. La reconnaissance de situations non effectives

Il arrive que soit reconnue une situation avant sa consolidation : ce sera une reconnaissance prématurée. Il existe des exemples intéressant aussi bien la reconnaissance d'État que la reconnaissance de gouvernement.

Ainsi en est-il de la reconnaissance de l'État de Panama par les États-Unis en 1903. Au départ, ce territoire fait partie de la Colombie, réticente à voir les États-Unis poursuivre l'ouverture du canal dans l'isthme de Panama, entreprise dans laquelle les Français ont échoué. Les États-Unis favorisent alors un soulèvement nationaliste panaméen, celui de Bunau-Varilla, qui se produit le 3 novembre 1903, l'indépendance du Panama étant proclamée le même jour. Les États-Unis reconnaissent le nouvel État *de facto* le 6 novembre et *de jure* le 13 novembre ; le traité leur confiant la concession sur la zone du canal est signé le 18 novembre 1903. La Colombie émet certes une protestation mais elle n'est pas en position de force.

En 1936, à peine le général Franco débarque-t-il en Espagne dont il n'occupe au départ qu'une petite partie, qu'une reconnaissance de gouvernement est pratiquée à son endroit par l'Allemagne et l'Italie.

De même, pendant le conflit de décolonisation en Algérie, alors que le territoire est encore sous le contrôle de la France, le Gouvernement provisoire de la République algérienne (GPRA) est reconnu directement comme gouvernement entre 1958 et 1960 par 29 États (arabes et/ou socialistes) ; le GPRA n'exerce pas l'effectivité du pouvoir puisqu'il est créé en dehors du territoire algérien où il ne prend pied qu'au moment de l'indépendance. Ces reconnaissances prématurées entraînent des protestations de la part de la France et même la rupture des relations diplomatiques avec la Yougoslavie.

b. La non-reconnaissance de situations effectives

Pendant longtemps, le gouvernement de la Chine populaire, reconnu rapidement par l'URSS ou la Grande-Bretagne, ne l'est pas par de nombreux autres États. Il ne l'est par la France qu'en 1964 ou par les États-Unis en 1978 : dans les deux cas, il s'agit de reconnaissances tardives car le gouvernement en question exerce l'effectivité du pouvoir sur le continent, qui représente l'essentiel du territoire chinois, depuis 1949.

L'État d'Israël qui a infligé plusieurs défaites militaires aux États arabes du Proche-Orient ne peut pas se voir reprocher un défaut d'effectivité ; pourtant il faut attendre 1979 pour assister à une première reconnaissance de leur part avec celle pratiquée par l'Égypte en 1979, puis plus tard encore, celle de la Jordanie en 1994 : ce sont là des reconnaissances tardives et pour les autres voisins, la non-reconnaissance persiste.

Ces exemples montrent à l'évidence que la reconnaissance est dictée par les intérêts politiques de l'État, ce qui ressort largement aussi des doctrines de non-reconnaissance.

2. Les doctrines de non-reconnaissance

Ces *doctrines* n'émanent pas de la doctrine au sens académique ; elles sont constituées par des prises de position officielles de certains États et émanent souvent du ministre des Affaires étrangères : elles expriment la doctrine d'un État. Certaines intéressent plutôt la reconnaissance de gouvernement, d'autres celle d'État et d'autres peuvent s'appliquer à des situations variées même si leur pratique significative vise l'État.

a. La doctrine prônant la non-reconnaissance d'un gouvernement institué en violation de l'ordre constitutionnel interne (doctrine de Tobar)

Elle est formulée en 1907 par le ministre des Affaires étrangères de l'Équateur. Selon lui, ne devrait pas être reconnu un gouvernement issu d'un processus non constitutionnel tant qu'il n'est pas légitimé par une assemblée élue dans des formes constitutionnelles. Il estime en effet que si les coups d'État sont si nombreux, à l'époque, en Amérique latine, c'est parce que les gouvernements qui en résultent n'ont pas d'assise populaire et ils se succèdent dans l'indifférence de la population, avant même l'élaboration d'une constitution. Tobar, dans le souci d'éradiquer ce fléau, pense qu'en soumettant la reconnaissance à une double condition : adoption d'une constitution de type démocratique prévoyant l'organisation de l'élection d'un parlement dont procède le gouvernement, puis désignation dans ces conditions du gouvernement, celui-ci bénéficierait d'une légitimité démocratique rendant son renversement par un coup d'État militaire beaucoup plus malaisé. Plusieurs accords sont conclus au début du XXe siècle en Amérique latine pour mettre en œuvre cette doctrine mais ils ne sont ni efficaces ni vraiment appliqués et le processus est abandonné. Les États-Unis adoptent une pratique en ce sens dans les années 1913-1920, à l'égard du Costa Rica ou du Mexique, sous l'appellation de doctrine Wilson, du nom du président américain. À cette époque-là, ce type de doctrine apparait peu conforme aux exigences du principe de non-ingérence dans la mesure où elle revient à imposer le régime parlementaire et elle est rapidement abandonnée. Aujourd'hui, elle pourrait rencontrer d'avantage d'écho du fait, on l'a vu, de l'émergence progressive d'un principe de légitimité démocratique. C'est une idée identique qui anime la résolution de l'OUA au sommet d'Alger de juillet 1999 selon laquelle : « Les États dont les gouvernements sont arrivés au pouvoir par des moyens non constitutionnels après le sommet de Harare (1997) doivent rétablir la légalité constitutionnelle avant le prochain sommet » sous peine d'isolement par leurs pairs. L'acte constitutif de l'UA (juillet 2000) dans son article 4 p, condamne et rejette les changements anticonstitutionnels de gouvernement.

Dans un sens plutôt opposé, au XIXe siècle, la Sainte Alliance préconisait la non-reconnaissance de gouvernements constitués en violation de la légitimité monarchique ; certes une monarchie peut être démocratique, mais la Sainte Alliance n'exigeait pas cette qualité.

b. La doctrine prônant la non nécessité de la reconnaissance de gouvernement (doctrine Estrada)

On la doit au ministre des Affaires étrangères du Mexique, Estrada, qui fait savoir en 1930, pour son pays, qu'il n'y a pas lieu de pratiquer la reconnaissance de gouvernement car un changement de gouvernement constitue toujours une affaire intérieure à un État sur laquelle les autres n'ont pas à porter d'appréciation. Le seul comportement possible des États tiers consiste dans le maintien ou la rupture des relations diplomatiques. On l'a vu, l'établissement de relations diplomatiques vaut reconnaissance tacite. La rupture, c'est le retrait de la reconnaissance et le maintien signifie bien entendu qu'on entend conserver à la fois les relations et la reconnaissance ; la doctrine Estrada est donc cohérente.

La France de la Ve République applique ce raisonnement : elle ne pratique pas de reconnaissance expresse de gouvernement au nom du principe de non-intervention et s'en tient à la reconnaissance tacite pour ce cas-là ; ainsi, on l'a vu, la reconnaissance du gouvernement de la Chine en 1964 est opérée tacitement. En cas de renversement d'un gouvernement étranger dans des formes non constitutionnelles, soit il n'y a pas au préalable de relations diplomatiques avec l'État correspondant et la France en établit éventuellement (avec l'accord de l'autre) et cela vaut reconnaissance. Soit il y en a et la France entend les maintenir, sachant qu'elle rompt rarement les relations diplomatiques ; elle mettra alors en œuvre une sorte de gesticulation diplomatique : l'ambassadeur de la France attendra quelque temps avant de faire une visite protocolaire aux autorités du nouveau gouvernement pour marquer la volonté d'entretenir de bonnes relations, ce qui s'analyse, somme toute, comme une *mini*reconnaissance tacite. L'Allemagne adopte une attitude identique mais nombre d'États recourent à la reconnaissance de gouvernement.

c. La doctrine prônant la rupture des relations diplomatiques avec les États reconnaissant des situations non reconnues par l'État qui la formule (doctrine Hallstein)

En 1955, un secrétaire d'État de la RFA, Hallstein, annonce que l'Allemagne de l'Ouest rompra ses relations diplomatiques avec tout État reconnaissant la RDA, ou n'en établira pas. En application de cette doctrine, la RFA rompra avec Cuba ou avec la Yougoslavie ou n'établira pas de relations avec des pays de l'Est, mais cette doctrine n'est pas mise en œuvre avec l'URSS ; il est difficile de *bouder* une grande puissance. Cette doctrine est abandonnée progressivement à partir de 1967-1969 lorsque se développe la politique des *petits pas* en direction de l'Est (gouvernement de grande coalition à partir de 1966 puis homogène en 1969, dirigé par le seul SPD, parti social-démocrate).

En 1959, la France se réclame d'une doctrine analogue à propos de la reconnaissance du GPRA : c'est ainsi que les relations diplomatiques sont rompues avec la Yougoslavie.

d. La doctrine de non-reconnaissance de situations instituées en violation du droit international (doctrine Stimson)

Elle est formulée initialement par le secrétaire d'État américain Stimson dans une note adressée le 7 janvier 1932 au Japon. Il s'agit de faire pression sur ce pays afin qu'il ne suscite pas, sur le territoire de la Mandchourie, berceau de l'ancienne dynastie chinoise, la création, annoncée, d'un État fantoche, le Mandchoukouo. Cela serait une conséquence de la conquête entreprise par le Japon en 1931 en violation du pacte Briand-Kellogg. En dépit de l'annonce américaine, le Mandchoukouo est créé le 1er mars 1932. Le 9 mars, une résolution de l'assemblée de la SDN reprend à son compte la déclaration américaine. Le nouvel État ne sera pas reconnu, à l'exception de l'Allemagne, de l'Italie, de la Hongrie, du Japon et du Salvador. À la fin de la guerre, en 1945, la Mandchourie réintègre le territoire chinois sans formalité.

Cette doctrine est invoquée au moment de la constitution de l'Empire d'Italie et d'Éthiopie après l'annexion de l'Éthiopie en 1935, qui entraîne un changement de nom de l'Italie et de son chef d'État qui devient « roi d'Italie, empereur d'Éthiopie ». Mais l'Italie est, à la différence du Mandchoukouo, un acteur important : aucune résolution n'est votée sur ce point à la SDN et nombreux sont les États qui reconnaissent le nouvel État.

Cette doctrine est parfaitement en accord avec les exigences du droit international et elle est souvent mise en avant à l'époque contemporaine, qu'il y ait violation du principe de non-recours à la force ou d'autres règles du droit international. Ainsi dans son avis de 1971 relatif à la Namibie dans laquelle, à l'époque, l'Afrique du Sud maintient une présence contraire à plusieurs règles : institution de la ségrégation raciale et refus de coopérer avec les Nations unies pour assurer l'administration du territoire, la CIJ estime que les États membre ne doivent pas reconnaître ce maintien. À partir du milieu des années 1970, la RSA suscite sur son territoire la création de pseudo-États indépendants à partir des enclaves où la population bantoue est majoritaire, les bantoustans. De cette manière, les habitants perdent la nationalité sud-africaine. En tant qu'étrangers, ceux, nombreux, qui travaillent en RSA sont facilement contrôlables et leurs familles, n'ayant pas la nationalité sud-africaine reste *parquée* dans les bantoustans : c'est une sorte de stade suprême, et fort habile, de la discrimination raciale, destiné à éviter la croissance des banlieues noires des grandes villes dont certaines connaissent des révoltes (Soweto en 1976). La communauté internationale n'est pas dupe et à chaque création, l'Assemblée générale ou le Conseil de sécurité des Nations unies, ou les deux organes adoptent des résolutions demandant aux États membres de ne pas reconnaître, « sous quelque forme que ce soit », ces bantoustans (résolution du Conseil de sécurité du 15 décembre 1981 à propos du Venda, ou encore de l'AG, A/31/6A, 28 octobre 1976 pour le Transkeï). Ces résolutions sont suivies d'effet : les bantoustans ne sont reconnus que par la RSA et pour ceux créés avant l'indépendance officielle de la Rhodésie du Sud (actuel Zimbabwe) en 1979, par cette dernière, dotée alors d'un régime pratiquant la discrimination raciale. À son égard d'ailleurs, le Conseil de sécurité (résolution S/217, 1965) « décide que les États membres s'abstiendront de reconnaître le régime illégal de Rhodésie du Sud ». Le 1er janvier 1994, les ressortissants des bantoustans deviennent citoyens sud-africains et la réincorporation des territoires intervient le 27 avril 1994, jour des premières élections démocratiques et d'entrée en vigueur de la constitution provisoire en RSA. De même, par la résolution S/541, 18 novembre 1983, le Conseil de sécurité demande à tous les États de ne pas reconnaître d'autre État chypriote que la république de Chypre, c'est-à-dire de refuser de reconnaître la « République turque du nord de l'île de Chypre » créée à l'initiative de la Turquie quelques années après son intervention armée sur l'île (1974). Seule la Turquie reconnaît cette « République ».

La pratique de ce cas de reconnaissance est positive : elle montre les progrès dans l'application du droit international, quoi qu'on dise.

SECTION III
LES STATUTS ÉTATIQUES PARTICULIERS

Tous les États ne sont pas organisés sur le modèle de l'État unitaire simple participant à tous les aspects de la vie internationale. Certains sont composites, caractérisés par des agencements complexes de structures étatiques, les groupements d'États. D'autres s'interdisent plus ou moins volontairement de participer à certains aspects de la vie internationale afin de garantir l'équilibre des rapports internationaux dans une région : ce sont les États neutres[13].

13. D'autres particularismes pourraient être mis en évidence, comme ceux des micro-États ou ceux des États défaillants ou déliquescents. Mais ils correspondent moins à des statuts qu'à des situations. Les micro-États font par ailleurs l'objet d'un examen avec l'étude du principe d'égalité et les États défaillants sont abordés à travers la question des sièges vacants à l'Assemblée générale des Nations unies.

§1 – Les groupements d'États

Ils entraînent une modification des structures étatiques en réalisant un nouvel agencement des compétences entre les États. Il en existe trois grands types, plus ou moins utilisés à l'époque contemporaine : les unions d'États, les confédérations et les États fédéraux.

A. Les unions d'États

Au sens strict, il s'agit d'une association de deux États (exceptionnellement davantage) ayant un même chef d'État, souvent un monarque, pour des raisons historiques voire dynastiques. Certaines sont liées aux règles de succession dynastique ou à des situations coloniales : les unions personnelles. D'autres tendent vers le fédéralisme : les unions réelles.

1. L'union personnelle

Elle résulte souvent des lois de succession dynastique aboutissant à ce qu'un même monarque se trouve à la tête de deux États. Ces États conservent leur pleine autonomie au plan interne et leur souveraineté au plan international. Chacun dispose de ses propres missions diplomatiques, conclut les traités de son choix, détermine sa politique étrangère. Le monarque commun a une *double couronne* : pratiquant le dédoublement fonctionnel, il agit tantôt comme chef de l'un des États, tantôt comme chef de l'autre. En général, cette communauté réagit quelque peu sur la politique des États, principalement les politiques étrangères qui sont harmonisées. Liées au hasard des successions dynastiques, ces unions sont précaires.

A ainsi existé une union entre la Grande-Bretagne et le Hanovre de 1714 à 1837, au départ en raison de l'absence de descendance de la Reine Anne Stuart. En 1837, Victoria est appelée à monter sur le trône, mais le Hanovre n'admettant pas la succession féminine, l'union prend fin.

D'autres unions personnelles, ayant les mêmes effets que les précédentes, sont liées à des situations coloniales. Au XIXe siècle, au moment de la décolonisation espagnole en Amérique latine, Simon Bolivar est simultanément président de la République du Pérou (1813), de la Colombie (1814), du Venezuela (1816) mais n'arrive pas à créer un groupement d'États durable. À l'heure actuelle, le chef d'État britannique, autrement dit la Reine Élisabeth, est chef d'État de 16 des 53 membres du Commonwealth, qui n'est lui-même qu'une structure de coopération assez difficile à qualifier, plus proche d'une OIG que d'un groupement d'État. Le 6 novembre 1999 par référendum, les Australiens refusent le statut de république, préférant garder une reine pour chef d'État.

2. L'union réelle

Elle groupe des États qui choisissent volontairement de se donner à partir d'un même chef d'État, en pratique un monarque, des institutions appelées à gérer des affaires communes sur la base d'un traité ou de lois internes concordantes. Au plan interne, chaque État conserve son autonomie, son organisation politique et administrative. Au plan international, chacun garde sa personnalité juridique ; l'union n'est pas un État, tout en étant un sujet de droit international. Cependant, le chef de l'État est une vraie structure de superposition et les organes chargés de la conduite des relations internationales sont mis en commun : ministre des Affaires étrangères, représentations diplomatique et consulaire. Si l'union traduit un *vouloir agir en commun* un peu poussé, des services publics communs sont institués, généralement en matière de défense et / ou de finance. L'union tend donc vers le fédéralisme. Elle se rapproche de la confédération par sa création qui suppose une manifestation de volonté de deux États et de l'État fédéral par le mode d'exercice des compétences. Dans la pratique, les unions d'États sont peu stables car elles ne traduisent pas une véritable solidarité comme le montrent quelques exemples.

Par le traité de Mon est créée en 1815 une Union entre la Suède et la Norvège, le roi de Suède étant le chef des deux États. Cette Union, avec communauté de ministre des Affaires étrangères et des représentations diplomatiques et consulaires, traduit en fait la prépondérance de la Suède; la Norvège souhaite sa disparition. En 1905, à la suite d'un plébiscite, le traité de Stockholm organise la séparation. En 1867, à la suite d'un Compromis entre le ministre des Affaires étrangères autrichien et un chef hongrois est créée une Union entre l'Autriche et la Hongrie pour mettre fin à la domination autrichienne. L'Union est complexe, dotée de nombreux organes et compétences (affaires étrangères, finances, guerre, marine, douanes) mais chaque État dispose d'une certaine autonomie en matière de commerce. Elle prend fin en 1919, ce qui permet à la Hongrie de retrouver une véritable indépendance perdue en 1526 lors de la défaite contre l'armée ottomane. À l'époque contemporaine, le recours à la dénomination d'union est fréquent mais le contenu correspond rarement à ce qui constitue le *minimum incompressible* de l'union d'États: la communauté de chef d'État. À plusieurs reprises des *unions* sont ainsi créées entre des États arabes: Égypte, Syrie, Irak (1963); République arabe unie (nom de l'Égypte entre 1958 et 1971) et Yemen dite Union des États arabes entre 1958 et 1961; Union arabo-africaine entre la Libye et le Maroc entre 1984 et 1986. En revanche la République arabe unie constituée entre l'Égypte et la Syrie entre le 1er février 1958 et le 28 septembre 1961 est dotée d'un chef d'État (le président égyptien Nasser), d'un appareil diplomatique commun et aussi d'une représentation commune dans les OIG.

Le 2 avril 1996 est conclu un accord d'Union entre la Biélorussie et la Russie organisant une coopération entre les deux États, complété depuis par divers accords pour créer un Conseil supérieur (2 avril 1997), renforcer les relations économiques (25 décembre 1998), mais sans mettre sur pied une véritable union d'États, dont il n'y a pas d'exemple aujourd'hui.

B. La confédération d'États

1. La notion de confédération

Ce groupement apparaît comme une variante atténuée de fédéralisme, s'efforçant comme celui-ci de concilier deux lois : celle d'autonomie, traduisant la volonté de chacun des États qui s'associent de préserver une sphère propre ; celle de participation, les divers États membres ayant la volonté de réaliser ensemble certaines actions au moyen d'organes communs. Dans la confédération, la tendance à l'autonomie l'emporte.

La confédération peut être caractérisée comme une association d'États indépendants gérant en commun au minimum les affaires étrangères, créée par un traité international. En général, ce traité accorde à chaque État la possibilité, dans les conditions qu'il définit, de se retirer. Les États membres conservent leur personnalité juridique internationale. Ils gardent le droit de conclure des traités, d'envoyer des missions diplomatiques et avant l'avènement du principe de non-recours à la force, le droit de guerre, la guerre entre États confédérés étant considérée comme une guerre internationale et non interne. Simplement ces États acceptent des limitations à l'exercice de leurs compétences, celles qui sont tournées vers les relations internationales : droit de traiter, d'envoyer des missions diplomatiques et, autrefois, droit de guerre ; il y aura donc un risque de concurrence de compétence si les contours de ces dernières ne sont pas précis ; il se peut que d'autres objets soient mis en commun, en matière militaire, financière notamment : c'est le traité institutif qui en décide. La confédération elle-même n'est donc pas un État mais c'est un sujet de droit international. Elle ne peut pas agir directement sur le territoire des États membres ; les gouvernements sont des intermédiaires obligés de l'action confédérale. Il n'y a pas de ressources financières, de justice, d'organes législatifs, d'armée, confédérés en principe. Les organes communs sont réduits ; en général on rencontre une diète, sorte de conférence diplomatique prenant des décisions à l'unanimité ou à la majorité selon le degré de solidarité, dont les membres agissent sur délégation, sans autonomie ; d'autres organes peuvent être créés en fonction des compétences exercées. Il s'agit donc d'une structure souple d'association ayant vocation à évoluer soit dans le sens de la dislocation, soit plus souvent dans le sens d'une agrégation plus importante, fédération, voire, plus rarement, État unitaire.

2. Le caractère évolutif des confédérations

Dès le Moyen Âge apparaît une confédération en Suisse : la Ligue des trois cantons, de 1291. Par la suite d'autres cantons s'agrègent ; en 1815, ils sont 22 et les structures se perfectionnent alors, la diète recevant des compétences pour régler les questions financières, conclure les traités et gérer l'armée. Assez logiquement, le stade de l'État fédéral est franchi avec l'adoption de la constitution du 12 septembre 1848 (suivie d'une autre en 1874), même si l'appellation de Confédération helvétique est conservée.

Après la proclamation de l'indépendance en 1776, les treize colonies britanniques d'Amérique du Nord, par les articles de Confédération adoptés en 1778 et entrés en vigueur en 1781 après ratification par tous les membres, créent une Confédération. Les treize États ont de nombreux traits en commun au niveau linguistique, ethnique ; une alliance leur est nécessaire dans la guerre contre la puissance coloniale, non terminée ; d'un autre côté existent entre eux des divergences d'intérêts en matière économique. Dès lors le système de la confédération apparaît comme une bonne solution de compromis. La Confédération, dont l'organe est le Congrès où les décisions se prennent à la majorité qualifiée de 9/13, dure jusqu'à l'adoption de la célèbre Constitution fédérale de Phidalphie le 17 septembre 1787. Une fois achevée la guerre de décolonisation, la Confédération ne paraît pas adéquate pour assurer le développement du pays.

Les sept provinces unies des Pays-Bas constituent en 1579 une Confédération au moment de l'accession à l'indépendance par rapport à l'Espagne, puis un État unitaire en 1795. Un tel exemple de passage de la confédération à l'État unitaire est cependant rare.

L'époque contemporaine fournit aussi un exemple d'échec de confédération se traduisant par une dislocation. Le 17 décembre 1981 est signé à Dakar le traité établissant la Confédération de Sénégambie entre le Sénégal et la Gambie, entré en vigueur le 1er janvier 1982. C'est assez largement la géographie qui explique cette création : la Gambie se présente comme une longue bande de territoire enclavée en terre sénégalaise, sous réserve d'un étroit accès à la mer ; un intense trafic de contrebande existe de part et d'autre des frontières. C'est largement pour mettre fin à cette situation malsaine que la solution confédérale est retenue, avec, outre de nombreuses autres compétences communes, l'institution d'une union douanière et monétaire. Mais la tentative d'intégration échoue et à partir d'août 1989, la Confédération cesse de fonctionner.

La confédération apparaît comme une solution intermédiaire, choisie un peu par défaut ou pour tester une forme d'association. Il est évident en tout cas que la construction communautaire européenne ne s'en inspire pas vraiment, dans la mesure où au départ, elle n'a pas commencé par la mise en commun ni d'organes ni de compétences intéressant la politique étrangère à proprement parler ; paradoxalement, alors que ce dernier domaine commence à peine à émerger de manière significative, il y a fort longtemps que le droit communautaire s'applique directement dans l'ordre interne des États et que des politiques communes sont développées. La chronologie communautaire est donc inversée par rapport à celle de la confédération et la *substance communautaire* est plus considérable que celle des confédérations. Elle ne correspond pas non plus à l'État fédéral.

C. L'État fédéral

Dans ce cas, il y a création d'un État qui se superpose aux collectivités existantes. Ces collectivités membres restent au plan interne des États disposant d'une organisation politique et administrative propre déterminée par leur constitution. Elles ne sont pas des États au sens du droit international ; elles ne bénéficient pas de l'immédiateté internationale, c'est-à-dire de la possibilité d'agir directement sur la scène internationale, sans intermédiaire. Seul l'État fédéral a la personnalité juridique internationale. Ses organes centraux, chef d'État, ministre des Affaires étrangères représentent la fédération. L'État fédéral désigne les agents diplomatiques et consulaires, conclut les traités, voit éventuellement sa responsabilité engagée à l'égard des États tiers ; en bref, les affaires extérieures relèvent de sa compétence exclusive, les collectivités membres renonçant à leur personnalité internationale. Ce schéma se vérifie pleinement dans nombre d'États fédéraux, mais certaines constitutions fédérales ménagent aux collectivités membres un accès à l'ordre international.

Les aménagements les plus fréquents intéressent le droit de traiter. Certaines constitutions fédérales reconnaissent aux collectivités fédérées le droit de conduire la négociation d'accords internationaux dans certains domaines, par exemple en matière de police, de travaux publics, de questions frontalières, seules les autorités fédérales ayant le pouvoir de signer et ratifier ; cette possibilité est ouverte aux États fédérés américains qui ne l'utilisent pas, aux cantons suisses qui ne l'utilisent plus depuis les années 1930. Les Länder allemands peuvent conclure des accords, notamment en matière culturelle ; ils doivent être conformes aux accords conclus par l'État fédéral et bien entendu à la constitution.

De manière beaucoup plus exceptionnelle, à la suite de la révision constitutionnelle du 2 février 1944, confirmée par la Constitution de 1977 (article 80), les Républiques fédérées soviétiques s'étaient vues reconnaître non seulement le pouvoir de traiter, mais aussi celui d'avoir des relations diplomatiques et de devenir membres d'organisations internationales. À vrai dire ces dispositions avaient été introduites afin de permettre à l'Union soviétique de disposer de plusieurs voix à l'ONU. En septembre 1944, à Dumbarton Oaks, où se négociait la future Charte des Nations unies, l'URSS réclamait seize voix, une par république fédérée et une pour l'État fédéral pour, disait-elle, équilibrer le Commonwealth. À Yalta, en février 1945, les

Occidentaux acceptèrent que l'URSS bénéficie de trois voix à l'Assemblée générale. C'est ainsi que l'Ukraine et la Biélorussie eurent des missions diplomatiques dans certains pays et surtout siégeaient à l'ONU et dans certaines institutions spécialisées. On ne les vit jamais voter différemment de l'URSS. En toute hypothèse, ce n'est pas directement que les républiques fédérées disposaient de ces pouvoirs, mais par l'intermédiaire de la Constitution fédérale. Cela explique qu'après l'éclatement de l'URSS en décembre 1991, il n'a pas été nécessaire d'admettre les deux pays à l'ONU ou dans les autres organisations dont ils étaient déjà membres. La Russie est d'ailleurs elle-même un État fédéral complexe comprenant 89 entités sujets de la Fédération de Russie ayant des statuts très divers : 21 républiques, 49 régions, 2 villes, 1 région autonome, 10 districts et 6 territoires.

Les États fédéraux sont aujourd'hui nombreux et, après l'éclatement du bloc soviétique, le fédéralisme est parfois utilisé pour contribuer au rétablissement de la paix dans certains pays, à vrai dire dans les Balkans. Les accords de Dayton-Paris (paraphe à Dayton le 21 novembre 1995, signature à Paris le 14 décembre) qui mettent fin au conflit en Bosnie-Herzégovine créent un État fédéral : la Bosnie-Herzégovine, composée de deux *entités* : la fédération de Bosnie-Herzégovine (rassemblant sur 51 % du territoire les Croates et les Musulmans) et la République srpska (pour les Serbes). Il s'agit donc d'un empilement de fédérations destiné à satisfaire toutes les communautés. Les deux *entités* peuvent conclure des accords internationaux avec le consentement de l'Assemblée parlementaire fédérale, qui peut dispenser de ce consentement la conclusion de certains types de conventions. C'est aussi pour trouver un modus vivendi entre Serbes et Monténégrins qu'est adoptée, largement sous l'influence des autorités de l'UE, une nouvelle constitution fédérale le 4 février 2003 créant la Serbie et Monténégro.

§2 – Les États neutres

Ce sont des États qui renoncent à prendre parti dans quelque situation belliqueuse que ce soit ; ils consentent une limitation à leur souveraineté constituant une obligation juridique. Leur statut est à distinguer des notions de neutralisme et de non-alignement qui correspondent à une attitude politique d'États qui, dans le cadre du système bipolaire au départ, ont voulu garder une indépendance réelle, refusant l'inféodation à l'un ou l'autre bloc. On peut en rapprocher le neutralisme suédois, fait du rejet des alliances militaires, des bases militaires étrangères, sans reposer sur un texte précis mais assez proche de la neutralité. La Finlande s'est trouvée dans la nécessité d'adopter une attitude particulière, mêlant neutralisme politique et bon voisinage obligé avec la puissance soviétique géographiquement limitrophe, qui a donné naissance au néologisme de *finlandisation*.

La neutralité au sens juridique englobe deux catégories de régimes : celui de la neutralité occasionnelle et celui de la neutralité permanente ; seule cette dernière correspond à un statut étatique particulier durable.

A. La neutralité occasionnelle ou volontaire

La neutralité occasionnelle, dite aussi volontaire, caractérise l'attitude d'un État à propos d'un conflit déterminé et elle prend fin avec ce dernier : c'est pourquoi elle est dite occasionnelle. Elle est régie par plusieurs conventions de La Haye de 1907 intéressant la guerre sur terre et sur mer. Elle repose sur une déclaration, révocable à tout moment, de l'État qui entend ne pas participer à un conflit : c'est pourquoi elle est dite aussi volontaire. Les belligérants ne doivent pas se livrer à des actes d'hostilités à l'encontre du neutre. Celui-ci doit dès lors s'abstenir de toute participation, directe ou indirecte aux hostilités et traiter impartialement tous les belligérants. Simples en apparence, ces exigences sont difficiles à mettre en œuvre. L'État neutre ne doit pas fournir de troupes ni de matériel militaire. En revanche l'assistance non militaire n'est pas interdite si elle est pratiquée impartialement; se pose alors la question des fournitures pouvant servir à des fins civiles aussi bien que militaires, correspondant à la contrebande conditionnelle, par opposition à la contrebande absolue (matériel à usage uniquement militaire). Pendant la première guerre mondiale, la notion de contrebande conditionnelle tend à disparaître et les exigences à l'égard des États neutres s'accroissent. La deuxième guerre mondiale voit apparaître des situations intermédiaires entre neutralité et belligérance, qualifiées de neutralité différentielle, telles la non-participation aux hostilités s'accompagnant d'une aide à l'un des belligérants (États-Unis avant leur entrée en guerre en décembre 1941). Le droit de La Haye est ainsi dépassé alors que le principe de non-recours à la force interdit logiquement l'élaboration de nouvelles règles régissant la guerre.

B. La neutralité permanente ou perpétuelle

1. La notion de neutralité permanente

La neutralité permanente ou perpétuelle caractérise, comme l'indique le qualificatif, un statut durable. Elle est en principe d'origine conventionnelle, l'État neutre n'étant pas nécessairement partie à l'accord établissant sa propre neutralité. C'est pourquoi l'autre neutralité peut avoir le monopole du qualificatif de volontaire.

Elle fait peser sur l'État une double série d'obligations : le devoir d'abstention et le devoir d'impartialité.

Au titre du devoir d'abstention, l'État s'interdit de participer activement à tout conflit, mais il garde le droit de s'opposer à une agression armée, usant du droit de légitime défense. Un État neutre n'est donc pas dépourvu de forces armées même s'il arrive qu'un État neutre soit démilitarisé.

Le devoir d'impartialité oblige l'État neutre à traiter de manière identique les États tiers ce qui exclut la conclusion d'alliances et les États tiers doivent respecter cette neutralité. L'avènement d'organisations internationales chargées du maintien de la paix et susceptibles d'adopter des mesures de contrainte (vite appelées *sanctions*) et de créer ou d'autoriser la création de forces armées, éventuellement dotées de pouvoirs coercitifs, soulève la question de la compatibilité entre un statut de neutralité permanente et l'appartenance à de telles organisations. C'est d'abord à la SDN que la difficulté naît. La Suisse, membre de cette organisation à partir de 1921, est dispensée par le Conseil de la participation à d'éventuelles opérations militaires. Puis, à l'égard de l'empire d'Italie et d'Éthiopie, elle n'appliquera pas totalement les mesures économiques adoptées et à la veille de la seconde guerre mondiale, elle sera exemptée de la participation à de telles mesures. Ces complications expliquent la non-demande d'admission de la Suisse aux Nations unies lors de leur création, alors qu'elles ont un de leurs sièges à Genève. Par la suite, les électeurs suisses s'opposent à la demande d'admission à l'occasion du référendum du 16 mars 1986 pour finalement l'accepter par le référendum du 3 mars 2002. La Suisse, bénéficiant jusque-là du statut d'observateur, devient le 190e membre de l'Organisation le 10 septembre 2002. D'autres États neutres, en particulier l'Autriche, considèrent que l'appartenance aux Nations unies n'est pas incompatible avec leur statut dans la mesure où aucun membre n'est tenu de participer aux opérations de paix qui de surcroît, n'ont le plus souvent qu'une mission d'interposition même si elles disposent de plus en plus souvent depuis 1993 d'un pouvoir coercitif ; d'une manière générale, les mesures décidées par le Conseil de sécurité ont un caractère impartial. Leur finalité est le maintien de la paix, non la prise de position d'un groupe d'États à l'encontre d'un État. La neutralité de l'Autriche et les situations voisines de la Suède et de la Finlande ont soulevé quelques difficultés, surmontées avec pragmatisme, au moment de leur adhésion à l'UE en 1995 du fait de l'existence de la PESC (politique étrangère et de sécurité commune).

2. Étude de cas

Parmi les cas de neutralité permanente, certains relèvent de l'histoire alors que d'autres sont d'actualité.

Pour la Belgique, la neutralité permanente est exigée par les grandes puissances européennes, en particulier la Grande-Bretagne, comme condition de la création d'un État indépendant par rapport aux Pays-Bas. Les Belges proclament leur indépendance en octobre 1830 et se dotent d'une Constitution le 7 février 1831. Le statut de neutralité est établi par un traité du 14 octobre 1831 adopté par les membres du Concert européen, puis le 15 novembre 1831, la Belgique conclut avec eux un traité la garantissant. Il est violé par l'Allemagne en 1914 et la Belgique l'abandonne dans les traités de paix de l'après-guerre. À partir de 1936, elle revendique à nouveau un statut de neutralité que l'Allemagne, la France et la Grande-Bretagne s'engagent à respecter. En 1939, cette neutralité est à nouveau bafouée et la Belgique ne la revendique plus.

En 1867, un traité, reconnu par la Belgique, conclu entre l'Autriche, la France, la Grande-Bretagne, l'Italie, les Pays-Bas, la Prusse, la Russie et le Luxembourg établit la neutralité du Luxembourg ainsi que sa démilitarisation. Cette neutralité sera violée en 1914 et en 1940. Par une révision constitutionnelle de 1948, le grand-duché abandonne ce statut.

Il en va différemment de la Suisse. Sa neutralité n'est pas aussi ancienne que la Confédération ; elle découle d'une déclaration de Vienne signée le 20 novembre 1815 par les membres appelés à constituer le Concert européen et elle sera confirmée par l'article 435 du traité de Versailles en 1919. La Suisse pousse, on l'a déjà constaté, très loin son souci d'appliquer strictement ce statut, à tel point qu'elle entretient des relations officielles avec chacun des États divisés : les deux Allemagne et les deux Vietnam dans le passé, les deux Corée et les deux Chine aujourd'hui.

L'Autriche de l'immédiat après seconde guerre mondiale est occupée par les vainqueurs mais dès le 1er novembre 1943, à la Conférence de Moscou, les alliés posent le principe du rétablissement de son indépendance et de sa souveraineté. Le traité du 15 mai 1955, intervenu entre les quatre et l'Autriche rétablit ainsi la souveraineté et l'indépendance du pays. Une loi constitutionnelle sur la neutralité permanente du 26 octobre 1955 proclame la neutralité permanente de l'Autriche. Celle-ci la notifie à tous les États avec lesquels elle a des relations diplomatiques ; à défaut de protestation, ce statut est considéré comme accepté.

Une loi constitutionnelle du Cambodge du 12 janvier 1957 proclame la neutralité du pays et plus récemment, l'accord de paix du 23 octobre 1991 garantit cette neutralité.

Pour le Laos, une déclaration de ce pays du 9 juillet 1962 proclame la neutralité et un accord conclu entre treize États à Genève le 23 juillet 1962 la confirme, tout en prévoyant son contrôle par une commission internationale qui ne fonctionnera pas correctement. Cette neutralité est réaffirmée par l'accord intervenu le 27 janvier 1973 entre les États-Unis et les deux Vietnam au moment du retrait américain.

Le Costa Rica, dépourvu d'armée depuis 1949, proclame sa neutralité perpétuelle le 17 novembre 1983 sans soulever de protestation.

La neutralité prétendue de Malte suscite des difficultés. Le gouvernement maltais proclame la neutralité du pays dans une déclaration du 14 mai 1981. En juin 1981, la France s'engage à respecter cette neutralité et invite d'ailleurs les autres États à en faire autant et, par exemple, les 8 et 9 octobre 1981, l'URSS (un temps intéressée par une possibilité de base militaire) et Malte échangent des mémorandums concordants sur ce point. Mais le 5 décembre 1984, Malte ratifie un accord d'amitié et de coopération conclu avec la Libye dans lequel cette dernière s'engage à apporter un soutien militaire en cas de menace contre Malte, ce qui ne correspond guère à l'exigence d'impartialité. Au même moment, Malte dénonce l'accord sur la neutralité conclu avec l'Italie dès novembre 1980, sous le prétexte que le protocole économique lié à cet accord arrive à expiration ; or les autorités italiennes disjoignent les deux textes et prétendent que le protocole est sur le point d'être renouvelé. Il semble qu'au total, Malte ait cherché à monnayer sa neutralité en contrepartie d'une aide économique après la fermeture de la base navale britannique en 1979 et qu'elle ait préféré une assistance libyenne plus avantageuse. Le statut de neutralité de Malte, devenue membre de l'UE en 2004, est donc problématique au plan juridique. Avec la fin des blocs, l'intérêt de la question est retombé, le rôle virtuel de porte-avions de l'île entre l'Est et l'Ouest n'ayant plus d'objet.

Le Turkménistan adopte en 1995 par voie législative un statut de neutralité, appuyé par le mouvement des non-alignés et l'Organisation de coopération économique. Par la résolution A/80/A du 8 décembre 1995 adoptée par consensus, l'AGNU « recommande et appuie le statut de neutralité permanente du Turkménistan » et engage les membres à respecter et appuyer ce statut, qui semble établi, faute là encore de protestation.

Bien que le recours à la force soit interdit, le statut de neutralité reste donc d'actualité. Le devoir d'impartialité permet en somme à des États faibles de revendiquer fortement la possibilité de refuser de s'inféoder à quiconque puisqu'il s'agit d'une obligation juridique et pas d'une simple prise de position politique.

Section IV
Les organes des relations interétatiques

Les relations internationales des États ne sont pas qu'interétatiques ; ils entrent en contact avec des sujets de droit international non étatiques, en particulier avec les sujets appartenant à l'autre grande catégorie, celle des organisations internationales intergouvernementales ; ils entrent aussi en contact avec des acteurs non sujets de droit international, transnationaux ; l'expression de relations extérieures devient dès lors pertinente. Si l'on s'en tient aux relations interétatiques, les organes centraux sont également ceux qui conduisent les relations internationales en général ; en revanche les services extérieurs sont spécifiques.

§1 – Les organes centraux

Traditionnellement, les relations internationales, et *a fortiori*, les relations interétatiques, sont assurées par des autorités relevant du pouvoir exécutif ou gouvernemental. Les autorités législatives jouent un rôle moindre, quoique parfois déterminant. Le débat et la procédure parlementaires ne sont guère adaptés à la conduite des relations extérieures qui supposent souvent rapidité de réaction et parfois, discrétion, secret. En revanche, les débats de politique étrangère, les questions écrites ou orales permettent aux parlementaires nationaux d'être informés et d'exercer un certain contrôle sur la politique étrangère de l'État. Certains procédés peuvent les impliquer plus directement, comme la participation à des organismes interparlementaires, ou, dans le cas de la France, l'adoption de *résolutions européennes* au titre de l'article 88-4 de la Constitution. Surtout, la plupart des constitutions subordonnent la ratification de tout ou partie des traités internationaux à une autorisation parlementaire qui confère à la fois un droit de veto mais aussi la possibilité d'influencer les réserves émises par un État à un ou plusieurs articles de l'accord.

Au niveau de la branche gouvernementale, la conduite des relations internationales incombe plus particulièrement au chef de l'État et au ministre des Affaires étrangères.

A. Le chef de l'État

Le fait que le chef de l'État soit considéré comme l'organe suprême des relations internationales remonte à la tradition monarchique dans laquelle le souverain (le roi) détenait la puissance étatique absolue.

Il est resté de cette tradition une sorte de socle minimum d'attributions et de protection dont bénéficie généralement le chef d'État quel que soit le type de régime politique.

Traditionnellement, le chef de l'État est, protocolairement, le représentant le plus élevé de son pays et une visite officielle du chef de l'État a plus d'importance que celle de n'importe quelle autre autorité de l'État au plan symbolique, quels que soient ses pouvoirs réels. Un tel déplacement est toujours le moyen de faire savoir que l'on entend maintenir ou rétablir les meilleures relations possibles. Ainsi, un voyage officiel de la reine de Grande-Bretagne a plus d'importance de ce point de vue que celui du Premier ministre britannique. Pourtant sur le fond de la conduite de la politique étrangère du pays, le second joue le rôle de premier plan alors que la première n'a guère d'influence.

Les ambassadeurs étrangers sont accrédités auprès du chef de l'État et il accrédite ceux de son pays auprès des États étrangers. Pour la France, c'est l'article 14 de la Constitution qui le prévoit.

La plupart des constitutions reconnaissent au chef de l'État le pouvoir de ratifier les traités (article 52 de la Constitution française).

À l'égard des États tiers, les chefs d'État bénéficient, comme les membres du gouvernement, d'immunités personnelles et juridictionnelles pour les actes liés aux fonctions ou non ; en cas d'attentat commis à l'étranger, la répression est plus sévère s'il est commis à l'encontre du chef de l'État. Cependant le statut de la Cour pénale internationale adopté le 17 juillet 1998 et entré en vigueur le 1er juillet 2002 stipule dans son article 27 que la qualité officielle de chef de l'État « n'exonère en aucun cas de la responsabilité pénale au regard du présent statut » qui « s'applique à tous de manière égale » (y compris les membres du gouvernement ou du parlement).

Si le chef de l'État représente son pays à l'extérieur, il ne joue pas nécessairement un rôle déterminant dans la conduite de la politique étrangère ; cela dépend de la nature du régime politique ; ce rôle lui incombera dans un régime de type présidentiel ; il reviendra au chef de gouvernement dans un régime parlementaire. Ainsi en Grande-Bretagne, dans les monarchies de l'Europe du Nord, en Allemagne, dans la France de la IVe République, le chef de l'État n'a qu'un rôle de représentation symbolique alors que la direction de la politique étrangère revient au chef de gouvernement; c'est ce dernier qui participe aux sommets réunissant les responsables politiques. Pour les États-Unis, c'est bien entendu le président qui cumule rôle symbolique et rôle de fond: la fonction de chef de gouvernement n'existe pas. La France de la Ve République constitue un cas particulier de régime oscillant entre parlementarisme et présidentialisme. En période de coïncidence de la majorité parlementaire et de la majorité présidentielle, le chef de l'État exerce la responsabilité principale à tous égards. La Constitution lui reconnaît des pouvoirs importants; il est « le chef des armées » et préside les conseils et comités supérieurs de la défense nationale en vertu de l'article 15; l'article 52 prévoit qu'il a le pouvoir non seulement de ratifier les traités mais encore de les négocier et qu'il est informé de toute négociation d'accord non soumis à ratification. Quand les majorités sont dissociées et que s'installe la *cohabitation,* le Premier ministre prétend s'impliquer aussi dans la conduite des relations extérieures. À la fois il a derrière lui la majorité de la représentation nationale, l'article 21 de la Constitution l'érige en « responsable de la défense nationale » et la combinaison des articles 20 et 21 lui fait diriger « l'action du gouvernement » qui « dispose [...] de la force armée ». Lors des sommets, la France est, dans ce cas, représentée à la fois par le chef de l'État et par le Premier ministre, une dyarchie dont les États tiers ont dû s'accommoder. Il est essentiel que les deux autorités parviennent à harmoniser leurs points de vue en matière de politique étrangère, sinon, la crédibilité du pays en souffre.

B. Le ministre des Affaires étrangères

Il exerce la direction des affaires étrangères sous le contrôle du chef de l'État et/ou du chef de gouvernement. Dans certains régimes politiques, il bénéficie d'une autonomie importante. Sous la IVe République française, les ministres des Affaires étrangères contribuent largement à la détermination de la politique étrangère dans un contexte où le président du conseil n'est qu'un chef de parti parmi d'autres dans un gouvernement à la solidité aléatoire.

La fonction est ancienne. Si l'on prend le cas de la France, mis à part le chancelier, sorte de ministre de la Justice qui existe depuis l'époque féodale, alors que, jusqu'au milieu du XVIe siècle, les secrétaires d'État n'ont encore qu'une spécialisation géographique, à partir de 1588, un secrétaire d'État est chargé des relations avec les puissances étrangères, tout en ayant à gérer un secteur géographique du royaume; à partir de 1661 il n'a plus que sa spécialité.

Aujourd'hui, il fait figure, au sein du gouvernement, à la fois de spécialiste et de généraliste de la politique étrangère. Il est **spécialiste** en ce sens qu'en dehors des interventions directes du chef de l'État ou du chef de gouvernement, il représente normalement l'État à l'extérieur. Il est en contact permanent avec les chefs de missions diplomatiques, celles de son pays à l'étranger et vice versa. Il est en principe compétent « pour tous les actes relatifs à la conclusion d'un traité » (Convention de Vienne sur le droit des traités, article 7, §2, a), c'est-à-dire la négociation et la signature, non la ratification, relevant, elle, la plupart du temps du chef de l'État. Il participe à de nombreuses réunions de ministres des Affaires étrangères (le Conseil de sécurité de l'ONU se réunit parfois à ce niveau), dont certaines sont institutionnalisées: Conseil de l'Atlantique Nord (OTAN) (éventuellement, il peut être composé d'autres ministres), Comité des ministres au Conseil de l'Europe, Conseil des affaires générales de l'UE. Il représente son pays dans les conférences internationales les plus importantes. Il a vocation à préparer les réunions et conférences internationales se déroulant dans le territoire de son État.

C'est en même temps un **généraliste** dans la mesure où il n'a plus l'exclusivité de la mise en œuvre de l'action extérieure. Les divers ministres d'un gouvernement quelconque interviennent activement dans le cadre de leurs attributions. Par exemple dans le cadre de l'UE, le Conseil est composé de différentes autorités ministérielles en fonction de l'ordre du jour. L'article 40, §2 de la

Convention de Vienne sur les relations diplomatiques stipule: « Toutes les affaires officielles traitées avec l'État accréditaire, confiées à la mission par l'État accréditant, doivent être traitées avec le ministre des Affaires étrangères de l'État accréditaire ou par son intermédiaire, ou avec tel autre ministre dont il aura été convenu. » Le ministre des Affaires étrangères n'a donc pas le monopole des relations internationales de son État. Dès lors, une de ses missions fondamentales consiste à coordonner l'action menée par tous les intervenants: diplomates, autres ministres, voire hauts fonctionnaires. Le développement des moyens de communication (transports, circulation de l'information et des correspondances) rend cette tâche difficile. Elle est pourtant essentielle à la conduite cohérente de la politique étrangère. En toute hypothèse, le ministre des Affaires étrangères garde l'avantage en matière de traités: les autres ministres doivent être munis de pleins pouvoirs pour négocier, à moins qu'il ressorte de la pratique qu'il est de l'intention de l'État de les considérer, comme toute autre personne d'ailleurs, comme représentant l'État à cette fin (article 7, § 1, b de la Convention sur le droit des traités), ce qui vaudra pour les accords portant sur leur domaine de spécialité.

§ 2 – LES SERVICES EXTÉRIEURS

Ils méritent doublement cette appellation, puisque comme les autres services extérieurs (dits, depuis 1992, services déconcentrés dans l'administration française) ils sont les prolongements des organes centraux de l'État et de surcroît, ils sont situés à l'extérieur du territoire de l'État national: ce sont les missions diplomatiques et les missions ou postes consulaires.

A. Les missions diplomatiques

L'institution est ancienne (*cf.* tome I, pp. 18-19). Pendant longtemps le droit la régissant est resté d'origine coutumière. Un premier texte visant la hiérarchie entre les diplomates est élaboré en 1815 par le Congrès de Vienne, complété en 1818 par un protocole. Surtout, sur la base d'un projet élaboré par la Commission du droit international est adoptée le 18 avril 1961 à Vienne la Convention sur les relations diplomatiques, entrée en vigueur le 24 avril 1964 ; c'est à la fois une convention de codification de la coutume et de développement du droit pour l'adapter à l'évolution des relations interétatiques, seules visées par le texte. Par ailleurs une Convention sur les missions spéciales est adoptée à New York le 16 décembre 1969 ; entrée en vigueur le 21 juin 1985, elle intéresse les missions temporaires envoyées entre les États pour traiter de questions déterminées et leur applique des règles voisines de celles des missions diplomatiques. Le 14 mars 1975 est intervenue, à Vienne, une Convention sur la représentation des États dans leurs relations avec les organisations internationales ; elle dépasse le champ de l'interétatisme mais n'est pas entrée en vigueur car les grands États hôtes d'OIG estiment qu'elle est trop protectrice des missions des États membres au détriment des États de siège. La Convention de Vienne de 1961 sert de guide pour examiner le statut et le fonctionnement des missions diplomatiques.

1. Le statut des missions diplomatiques

Une mission diplomatique comprend trois catégories de membres :

- les agents diplomatiques ayant la qualité de diplomates :
  - le chef de mission diplomatique, chef de l'ensemble de la mission, généralement un ambassadeur,
  - des conseillers et secrétaires, en principe diplomates de carrière,
  - des attachés, généralement détachés par un ministère spécialisé : attaché culturel ou militaire par exemple ;
- le personnel administratif et technique : il assure les tâches de secrétariat, le service du chiffre (codage et décodage des communications) ;
- le personnel de service (service domestique, chauffeurs de véhicules).

La mission diplomatique représente l'État qui l'envoie et elle doit pouvoir exercer ses fonctions en toute indépendance, à l'abri des pressions et des menaces. C'est pourquoi elle bénéficie d'une protection spéciale consistant en immunités et privilèges en tant que service public d'un État étranger échappant à la compétence territoriale de l'État de résidence. Ce ne sont pas des faveurs personnelles ; ces attributs sont liés à l'exercice des fonctions, entendues au sens large de manière à éviter toute entrave. La Convention de Vienne le souligne en préambule : « Le but desdits privilèges et immunités est non pas d'avantager des individus mais d'assurer l'accomplissement efficace des fonctions des missions diplomatiques en tant que représentants des États. »

Il n'est pas très aisé de distinguer les privilèges des immunités. Les immunités découlent du droit international alors qu'en théorie les privilèges sont des mesures de courtoisie reposant sur le droit interne. La Convention de Vienne rattache les immunités au droit international de même que les exemptions fiscales, souvent dénommées pourtant privilèges fiscaux ou encore les exemptions de charges militaires comme les réquisitions (article 35) en les érigeant en obligations pour l'État accréditaire par l'emploi de l'indicatif ou du verbe *doit*. Les exemptions douanières relèvent du droit interne de l'État et correspondent pleinement à la notion de privilèges : « Selon les dispositions législatives et réglementaires qu'il peut adopter, l'État accréditaire accorde [...] l'exemption de droits de douane [...] » (article 36).

Ces privilèges et immunités s'appliquent aux membres de la mission pris individuellement et à la mission dans son ensemble.

a. Les immunités et privilèges des membres de la mission

Il convient de caractériser les immunités et privilèges avant d'envisager leur application aux divers destinataires.

* Le contenu des immunités et privilèges

Ce sont :

• L'inviolabilité personnelle. Elle signifie que la sécurité de la personne doit être totale. La personne ne peut être arrêtée ou maltraitée ni détenue ; aucune contrainte ne peut être exercée sur elle en temps de paix comme de guerre. Elle bénéficie de la liberté de déplacement et de circulation sur le territoire (articles 29 et 26). L'inviolabilité dure après la fin des fonctions pendant le temps nécessaire pour regagner le pays d'envoi comme l'ensemble des privilèges et immunités (article 39) ; le passage dans le territoire des États tiers est libre et l'inviolabilité s'applique (article 40).

• L'immunité de juridiction (article 31). L'immunité de juridiction administrative est absolue. Il en va de même en matière pénale, quelle que soit l'infraction même en flagrant délit ; cependant, la jurisprudence offre des exemples de soumission au juge pénal en cas de flagrant délit en matière de trafic de stupéfiants, d'infractions douanières ou de crimes de guerre (rapportés *in* Charles Rousseau, *Traité de droit international public*, Sirey, tome IV, *Les relations internationales*, 1980, p. 201). L'immunité de juridiction civile connaît des exceptions en cas d'action concernant un immeuble privé ou une succession ou une profession libérale ou une activité commerciale ; en toute hypothèse, l'agent diplomatique ne peut exercer d'activité professionnelle en vue d'un gain personnel (article 42). L'agent n'est pas obligé de témoigner et aucune mesure d'exécution ne peut être prise à son égard (sauf biens, succession, activités privées). Pour autant, l'agent n'est pas exempté de juridiction dans l'État accréditant et celui-ci peut renoncer, expressément à l'immunité de juridiction de ses agents ; la renonciation à l'immunité de juridiction n'implique pas la renonciation aux mesures d'exécution de jugements, qui doit être distincte (article 32).

• L'exemption fiscale (article 34). L'agent est exempté de tous impôts et taxes, sauf ceux du type de la TVA (taxe à la valeur ajoutée) ou sur des biens ou successions privés ; en pratique, il est donc exempté de l'impôt sur le revenu perçu par l'État accréditaire mais pas de celui perçu par l'État dont il relève.

• L'exemption douanière (article 36). L'agent est exempté de droits de douane et de l'inspection de son bagage personnel « à moins qu'il existe de sérieux motifs de croire qu'il contient des objets » autres que ceux destinés à l'usage personnel ou celui de la mission ou qui sont interdits d'exportation ou d'importation. L'exemption à la fois relève de la courtoisie et elle n'est pas absolue.

* Les bénéficiaires des immunités et privilèges

Ce sont :

• Les agents diplomatiques. La totalité des avantages décrits profite aux agents ainsi qu'aux membres de leur famille faisant partie de leur ménage, c'est-à-dire la famille nucléaire, conjoint et enfants, à condition, pour les membres de la famille, qu'ils ne soient pas ressortissants de l'État accréditaire (article 37). Les membres du personnel diplomatique ont en principe la nationalité de l'État accréditant (article 8).

• Le personnel administratif et technique ainsi que les membres de leur ménage bénéficient des immunités et privilèges à condition de n'être pas ressortissants de l'État accréditaire ou de ne pas y avoir leur résidence permanente ; de surcroît, l'immunité de juridiction civile et administrative ne vaut que pour les actes accomplis dans l'exercice des fonctions et elle ne peut donc viser les membres de la famille (article 37).

• Le personnel de service. À condition de n'être pas ressortissants de l'État accréditaire et de ne pas y avoir leur résidence permanente, ils bénéficient des immunités pour les actes liés à l'exercice des fonctions et de l'exemption d'impôt sur les salaires ; leur famille ne bénéficie d'aucune mesure.

• Les domestiques privés des membres de la mission non ressortissants de l'État accréditaire et n'y ayant pas leur résidence permanente sont exemptés de l'impôt sur les salaires.

Pour toutes les catégories exclues du fait de leur nationalité ou de leur résidence, les personnes peuvent se voir reconnaître des privilèges et immunités par l'État accréditaire. Celui-ci ayant une certaine latitude, les privilèges et immunités des membres des missions diplomatiques et de leurs familles varient selon l'État de résidence.

b. Les immunités et privilèges de la mission

La mission dispose de la liberté de communication à des fins officielles (article 27). Elle peut employer tous les moyens de communication appropriés avec les autorités et services de son État, y compris les messages en code mais l'utilisation d'un émetteur radio suppose l'accord de l'État accréditaire. La correspondance officielle de la mission est inviolable comme l'est la *valise diplomatique* (c'est le terme consacré) qui la contient. La valise diplomatique ne peut en aucun cas être ouverte ou retenue quelles que soient ses apparences. Elle est supposée ne contenir que des documents officiels. La personne qui transporte la valise, appelée le *courrier diplomatique* bénéficie également de l'inviolabilité. La valise peut être confiée au commandant d'un aéronef commercial ; il n'est cependant pas considéré comme un courrier diplomatique.

Les locaux de la mission sont inviolables (article 22). Les agents de l'État accréditaire ne peuvent y pénétrer qu'avec le consentement du chef de mission en toutes circonstances, même un incendie ou un attentat. Cette inviolabilité permet la pratique de l'asile diplomatique, c'est-à-dire que le chef de mission peut autoriser une personne, ressortissant ou pas de l'État accréditant, à pénétrer dans les locaux et à y demeurer. Il s'agit d'une faculté de sa part : il n'existe pas de droit de l'individu à bénéficier de l'asile diplomatique. La personne qui obtient l'asile diplomatique se trouve en sécurité dans les locaux, mais cela ne règle en rien sa situation. Soit elle reste à l'intérieur le temps que ses difficultés s'aplanissent, soit elle quitte le territoire de l'État, à condition que les autorités de cet État lui délivrent un sauf-conduit. Ainsi le cardinal Mindszenty, Primat de Hongrie, est-il demeuré du 4 novembre 1956 au 28 septembre 1971 à l'ambassade américaine à Budapest. Les locaux, objets et moyens de transport de la mission ne peuvent être réquisitionnés ou faire l'objet de mesures d'exécution. L'inviolabilité s'étend aux archives et documents (article 24). La demeure privée de tout agent diplomatique jouit de la même inviolabilité, ainsi que ses correspondances et documents (article 30). Les locaux ne sont en principe pas soumis à l'impôt de l'État de résidence et les objets destinés à l'usage officiel de la mission ont vocation à l'exemption de droits de douane (articles 23 et 36).

Dans l'affaire du personnel diplomatique et consulaire des États-Unis à Téhéran, la CIJ souligne l'importance des immunités diplomatiques: « Dans la conduite des relations entre États, il n'est pas d'exigence plus fondamentale que celle de l'inviolabilité des diplomates et des ambassades » (ordonnance en mesures conservatoires du 15 décembre 1979, p. 19).

2. *Le fonctionnement des missions diplomatiques*

Dans l'ordre chronologique, son examen recouvre celui de l'entrée en fonction des missions, de leur rôle et de la cessation de leurs fonctions.

a. L'entrée en fonction

L'établissement des relations diplomatiques a été souvent présenté comme reposant sur le droit de légation de l'État, recouvrant lui-même le droit de légation active, c'est-à-dire le droit d'envoyer des représentants permanents auprès d'un État étranger, et le droit de légation passive, soit le droit de recevoir des représentants d'un État étranger. Un droit n'est pas une obligation or le droit de légation active semble impliquer une obligation de l'autre État de recevoir. C'est pourquoi, dans cette conception, le droit de légation active est considéré comme un droit imparfait, supposant, pour se réaliser de rencontrer l'accord de l'État de réception. D'un point de vue juridique, il n'est guère satisfaisant de qualifier un droit d'imparfait: un droit existe ou n'existe pas. La Convention de Vienne élude cette question délicate du fondement et stipule plus simplement dans son article 2 : « L'établissement des relations diplomatiques entre États et l'envoi de missions diplomatiques permanentes se font par consentement mutuel. » En dépit des difficultés qu'elle soulève, l'expression de droit de légation reste cependant utilisée.

L'établissement des relations diplomatiques se fait en deux temps ; d'abord intervient la décision bilatérale des deux États d'y procéder et son annonce vaut reconnaissance d'État ou de gouvernement (*cf.* p. 114). Dans un deuxième temps a lieu l'envoi des missions diplomatiques permanentes. Les deux opérations se suivent en général rapidement. Dans des cas complexes, la décision d'établir les relations est suivie d'abord de l'envoi d'agents chargés d'une mission temporaire en vue de préparer le terrain pour la mission permanente.

Chaque État compose la mission qu'il envoie avec des agents appartenant aux trois catégories précédemment envisagées, placés sous l'autorité d'un chef de mission. La Convention de Vienne prévoit (article 11) que l'État accréditaire peut exiger que l'effectif de la mission soit maintenu dans les limites de ce qu'il considère comme normal et raisonnable. Cela n'a rien d'exorbitant dans la mesure où il doit prendre « toutes mesures raisonnables pour empêcher toute atteinte » à la personne des agents diplomatiques (article 29), veiller à la sécurité de la mission et lui accorder toutes facilités pour l'accomplissement de ses fonctions (articles 22, § 2 et 25). L'État désigne les membres de la mission sur la base de son droit interne ; en France, les ambassadeurs sont, en vertu de l'article 13 de la Constitution, nommés par décret du président de la République délibéré en conseil des ministres. Les nominations sont notifiées à l'État étranger. L'État accréditaire peut instaurer pour les attachés militaires une exigence d'approbation préalable (article 7). Pour le chef de mission, la procédure est plus complexe. Une fois nommé, il doit faire l'objet d'un agrément de l'État accréditaire. À défaut, il ne peut pas aller exercer ses fonctions et il faudra nommer une autre personne. Le cas échéant, l'État accréditaire n'est pas tenu de donner les motifs de son refus. Une fois l'agrément obtenu, le chef de mission est, avant de partir, muni de lettres de créance qui précisent, de manière stéréotypée, ses fonctions. Il est réputé pouvoir assumer ses fonctions dès la présentation de ses lettres de créance à l'autorité compétente pour les recevoir : il est alors accrédité. C'est de cette cérémonie de remise des lettres de créance, autrement dit d'accréditation, que viennent les termes d'État accréditant (l'État qui envoie) et d'État accréditaire (celui qui reçoit). Les chefs de mission sont répartis en trois classes (article 14) présentant un intérêt protocolaire sans que cela ait d'incidence sur les fonctions exercées :

- la première classe est celle des ambassadeurs et des nonces (envoyés par le Saint-Siège) ; ils sont accrédités auprès des chefs d'État. Elle symbolise la volonté d'établir des relations au plus haut niveau ;
- la deuxième classe est celle des envoyés, ministres et internonces (envoyés par le Vatican) accrédités auprès des chefs d'État ;
- la troisième classe est celle des chargés d'affaires accrédités auprès des ministres des Affaires étrangères. Il est souvent recouru à cette classe au moment de l'établissement des relations ou lorsqu'elles se dégradent sans que l'État veuille aller jusqu'à la rupture.

Les États conviennent entre eux de la classe à conférer à leurs chefs de mission. À la différence du Vatican qui continue à accréditer des internonces, aujourd'hui, en pratique, les États n'utilisent plus la deuxième classe et leurs chefs de mission sont en général des ambassadeurs. Traditionnellement, le nonce vient en tête du corps diplomatique dans l'ordre des préséances : il est le doyen du corps diplomatique dans un État. Lorsqu'un État ne reconnaît pas cette qualité au chef de mission de première classe du Vatican, il est qualifié de pro-nonce. L'entretien de missions diplomatiques est une lourde charge ; c'est pourquoi un État peut accréditer une même personne auprès de plusieurs États s'ils ne s'y opposent pas. Le procédé est très utilisé car il permet de densifier le réseau de relations diplomatiques à moindres frais (article 5). Inversement, plusieurs États peuvent accréditer une même personne auprès d'un autre État, sauf opposition de ce dernier (article 6). Cette hypothèse est rare car elle suppose une harmonisation des politiques étrangères de tous les États accréditants. Dans les deux séries d'accréditations multiples, il faudra autant d'agréments, de lettres de créance et de cérémonies d'accréditation qu'il y a d'États accréditaires (premier cas) ou accréditants (deuxième cas). Sans aller jusqu'à des accréditations d'un même chef de mission, la France et le Royaume-Uni utilisent depuis 1997 les mêmes locaux diplomatiques pour leurs ambassades respectives à Praia au Cap-Vert et en mars 1999 a été inaugurée une « conférence commune des ambassadeurs » des deux pays en Afrique dans le souci d'harmoniser leur politique à l'égard du continent à partir de leur analyse commune de « la bonne gouvernance, l'État de droit et du respect des droits de l'homme[14] ».

Ce sont les États-Unis qui disposent du réseau diplomatique le plus important dans le monde. La France et la Grande-Bretagne occupent la deuxième ou la troisième place selon les années, la densité de leurs réseaux étant très proche : environ 150 missions diplomatiques, une vingtaine de représentations permanentes auprès d'organisations intergouvernementales et environ 25 postes diplomatiques liés à des accréditations multiples. En 1946, la France avait moins de 80 missions ; entre-temps, le nombre des États a augmenté du fait de la décolonisation ou de l'éclatement de certains États. Entre 1992 et 1993, 15 nouvelles ambassades françaises ont été ouvertes à la suite de la dislocation de l'URSS et de la Yougoslavie. Le Saint-Siège a, à la date du 1er janvier 2006, des relations diplomatiques avec 174 États (ce qui ne signifie pas un nombre égal de missions).

b. Le rôle de la mission diplomatique

La liste des fonctions dressée par l'article 3, § 1 de la Convention de Vienne est impressionnante et non limitative (adverbe « notamment ») : « Les fonctions d'une mission diplomatique consistent notamment à :

14. *Le Monde*, 14-15 mars 1999.

a) représenter l'État accréditant auprès de l'État accréditaire ;

b) protéger dans l'État accréditaire les intérêts de l'État accréditant et de ses ressortissants, dans les limites admises par le droit international ;

c) négocier avec le gouvernement de l'État accréditaire ;

d) s'informer par tous les moyens licites des conditions et de l'évolution des évènements dans l'État accréditaire et faire rapport à ce sujet au gouvernement de l'État accréditant ;

e) promouvoir des relations amicales et développer les relations économiques, culturelles et scientifiques entre l'État accréditant et l'État accréditaire. »

Le rôle de la mission diplomatique est ainsi entendu largement puisque la Convention mentionne des attributions conférées aussi aux missions consulaires (la protection des ressortissants prévue au b) et au c) les relations économiques, culturelles et scientifiques). Il est vrai qu'une mission diplomatique exerce souvent en même temps des fonctions consulaires ce que confirme l'article 3, §2.

Il ressort de l'énumération qu'une mission diplomatique, outre la fonction de représentation de l'État, joue un rôle d'informateur et d'intermédiaire.

La mission est chargée d'informer régulièrement l'État accréditant sur la situation prévalant dans l'État accréditaire en analysant son influence sur les relations entre les deux États. Cela explique l'importance des rapports et notes d'ambassades, dont la présentation est très codifiée en ce qui concerne les niveaux de confidentialité et de solennité afin de simplifier la compréhension de l'utilité du message par l'administration centrale destinataire. Naturellement, l'information ne doit pas glisser vers l'espionnage mais en fait il est aisé de passer du renseignement du premier type au second. Rares sont sans doute les États qui ne succombent pas à la tentation de disposer d'agents des services spéciaux dans le personnel de leurs ambassades.

La mission est également un intermédiaire entre les deux États. Elle constitue le canal normal de la transmission des communications officielles au moyen des notes diplomatiques. Elle a vocation à conduire les négociations bilatérales pour aplanir des difficultés (en cas de prise d'otages par exemple), régler des différends, négocier des accords internationaux. Le chef de mission a le pouvoir de négocier et signer les conventions bilatérales ; il n'a pas besoin de se voir conférer les pleins pouvoirs à cet effet.

À l'époque contemporaine se produit un relatif déclin des missions diplomatiques. Du fait de l'essor des moyens de communication, de transport, d'information, les missions diplomatiques ont perdu le quasi-monopole de fait dont elles disposaient en matière de connaissance de la situation dans les États accréditaires et de traitement des questions bilatérales. Les autorités centrales de l'État se déplacent couramment, du chef de l'État au ministre de tel ou tel secteur, quand ce ne sont pas les hauts fonctionnaires qui le font. Le chef de mission n'est plus l'interlocuteur unique. D'autre part, les questions deviennent toujours plus techniques. Pour les traiter, les États multiplient les attachés spécialisés dans les missions diplomatiques.

L'ambassadeur n'est plus alors que le généraliste ayant vocation à coordonner l'ensemble, à condition que les attachés des diverses spécialités jouent le jeu de cette coordination et n'établissent pas de liens directs avec leur ministère sans en référer au chef de mission. Souvent, il existe au sein d'une mission diplomatique une mission militaire autour de l'attaché militaire, véritable forteresse politico-diplomatique. Il peut résulter de cette situation des incohérences dans la mise en œuvre locale de la politique étrangère d'un pays. C'est pour pallier ces difficultés et éviter que l'ambassadeur soit *court-circuité* par des hiérarchies parallèles que, dans le cas de la France, a été adopté le 1er juin 1979 un décret relatif au pouvoir des ambassadeurs et à l'organisation des services de l'État à l'étranger, transposant aux ambassades françaises le système mis au point au plan interne par les décrets du 14 mars 1964 (aujourd'hui remplacés par des textes de 1982 et 1992 notamment) pour redonner aux préfets un véritable pouvoir de coordination (devenu de direction en 1982). Le décret de 1979 dispose notamment que l'ambassadeur représente le président de la République, le gouvernement et chacun des ministres et qu'il coordonne et anime l'action des services civils et de la mission militaire (articles 1 et 2).

c. La cessation des fonctions

Elle peut intéresser un ou plusieurs membres ou la mission tout entière, intervenir à l'initiative de l'État accréditant ou de l'État accréditaire.

L'État accréditant a, à tout instant, la faculté de rappeler un de ses agents dans le cadre du déroulement de la carrière de ce dernier. Il peut aussi rappeler de sa propre initiative des agents au comportement discutable voire fautif. Le rappel signifie parfois la volonté de restreindre les relations avec l'État accréditaire parce qu'elles se dégradent. Dans ce cas peut intervenir le rappel d'un chef de mission de première classe et son remplacement par un chargé d'affaires. L'État dispose ainsi d'une gamme de moyens pour exprimer un mécontentement.

L'État accréditaire peut « à tout moment et sans avoir à motiver sa décision » (article 9, §1) déclarer un agent diplomatique, y compris le chef de mission, *persona non grata*, ou s'il s'agit d'un membre appartenant à une autre catégorie, qu'il n'est pas acceptable. L'État accréditant a alors l'obligation de rappeler la personne visée ou de mettre fin à ses fonctions (personnel local) ; s'il refuse ou ne s'exécute pas « dans un délai raisonnable » (article 9, §2), « l'État accréditaire peut refuser de reconnaître à la personne en cause la qualité de membre de la mission » ; autrement dit, il ne respecte plus les privilèges et immunités.

Les États peuvent souhaiter rompre leurs relations diplomatiques ; en général, c'est l'un des deux États qui prend l'initiative et l'autre ne peut imposer le maintien de sa mission. Dans ce cas, la mission est fermée et pour les affaires courantes, les États se font représenter par la mission d'un État tiers. Avant la formation du principe de non-recours à la force, la déclaration de guerre entre deux États entraînait automatiquement la rupture des relations diplomatiques. La rupture peut être imposée par une organisation intergouvernementale régionale (par exemple, OEA à l'égard de Cuba entre 1964 et 1975) ou universelle (par exemple, Nations unies à l'encontre de la Rhodésie du Sud entre 1966 et 1979). Sinon, les États pratiquent le moins possible la rupture des relations diplomatiques, acte grave puisqu'elle signifie l'impossibilité de communiquer officiellement.

B. Les postes consulaires

Le régime juridique des missions consulaires est moins homogène que celui des missions diplomatiques. Dès l'origine il repose sur des bases conventionnelles bilatérales qui prennent au XVIe siècle la forme des accords de capitulation (*cf.* tome I, pp. 19, 21) donnant aux consuls des fonctions de police et de juridiction à l'égard de leurs ressortissants. Les nombreux traités bilatéraux sont complétés par des lois et règlements internes. Tout cela a fini par constituer un socle coutumier codifié sur la base des travaux de la CDI par la Convention de Vienne sur les relations consulaires du 24 avril 1963, entrée en vigueur le 19 mars 1967. Les règles coutumières sont moins précises que pour les relations diplomatiques et les États gardent une grande latitude. La Convention de Vienne constitue néanmoins un guide utile pour l'étude du statut et du fonctionnement des postes consulaires (l'appellation de *poste* consulaire est privilégiée par la Convention). Il convient cependant de garder en mémoire le fait qu'un poste consulaire et ses membres peuvent bénéficier d'un traitement plus favorable que celui décrit dans la Convention (donc ci-après) en fonction des accords interétatiques ou des lois et règlements internes.

1. Le statut des postes consulaires

Les missions consulaires n'ont pas une fonction de représentation politique d'un État. Elles tendent davantage à la protection et promotion de ses intérêts matériels et de ceux de ses ressortissants. C'est pourquoi le niveau de protection établi par leur statut est moindre. Le préambule de la Convention sur les relations consulaires mentionne certes que « le but [des] privilèges et immunités est non pas d'avantager des individus mais d'assurer l'accomplissement efficace de leurs fonctions par les postes consulaires au nom de leurs États respectifs » mais il n'évoque pas, à la différence de la formule équivalente du préambule « relations diplomatiques », le rôle de « représentants des États ». Les fonctionnaires consulaires comme les agents diplomatiques ont en principe la nationalité de l'État d'envoi ou accréditant, le consentement de l'État de résidence ou accréditaire étant requis dans le cas contraire (article 22 de la Convention sur les relations consulaires et 8 de la Convention sur les relations diplomatiques). En pratique, alors que les agents diplomatiques ont généralement la nationalité de l'État accréditant, seuls les fonctionnaires consulaires des postes les plus importants sont des fonctionnaires de carrière ayant la nationalité de l'État d'envoi ; les autres sont recrutés dans les professions industrielles ou commerciales généralement dans l'État de résidence et leur nationalité est variable ; on les dénomme fonctionnaires consulaires honoraires ou marchands et leurs immunités et privilèges sont moins étendus que ceux dont bénéficient les précédents qui sont des diplomates de carrière recevant une affectation tantôt consulaire et tantôt diplomatique.

Il existe trois catégories de personnels dans un poste consulaire :

- les fonctionnaires consulaires, chargés de l'exercice des fonctions consulaires et parmi eux figure le chef de poste consulaire. Les chefs de poste se répartissent en quatre classes : consuls généraux, consuls, vice-consuls, agents consulaires. Le rang de préséance est fonction de la classe et les consuls de carrière prennent rang avant les consuls honoraires dans chaque classe (article 16) ;
- les employés consulaires exerçant les fonctions administratives et techniques ;
- les personnels de service.

a. Les immunités et privilèges des membres du poste consulaire

Ils comprennent :
- l'inviolabilité personnelle : elle ne s'applique qu'aux fonctionnaires consulaires, pas aux membres de leur famille ni aux autres catégories de personnels ; elle n'est pas absolue : le fonctionnaire consulaire peut être arrêté ou détenu en cas de crime grave ou à la suite d'une condamnation de justice définitive ; en cas de procédure pénale, le fonctionnaire doit être traité avec égards (article 41) ;
- l'immunité de juridiction : les fonctionnaires et employés consulaires bénéficient d'une immunité de juridiction administrative et judiciaire pour les actes liés à l'exercice des fonctions ; les membres d'un poste peuvent être appelés à témoigner dans une procédure judiciaire ou administrative mais les fonctionnaires consulaires peuvent refuser et aucun membre n'est tenu de déposer sur des faits liés à l'exercice des fonctions (articles 43 et 44) ;
- les exemptions fiscales et douanières : les exemptions fiscales s'appliquent aux fonctionnaires et employés consulaires ainsi qu'aux membres de leurs familles vivant à leur foyer (article 49) ; les exemptions douanières n'intéressent que les fonctionnaires consulaires et les membres de leur famille vivant à leur foyer (article 50).

L'État d'envoi peut renoncer, expressément, aux privilèges et immunités d'un membre (article 45).

Les privilèges ne sont pas accordés aux membres des familles lorsque le poste est dirigé par un chef de poste honoraire. Le fonctionnaire consulaire honoraire bénéficie de l'immunité de juridiction (article 58, § 2), de l'exemption fiscale pour les indemnités reçues de l'État d'envoi (article 66) mais pas de l'inviolabilité personnelle (non visée à l'article 58, § 2) ni de l'exemption douanière, du moins au titre de la Convention sur les relations consulaires.

Les membres du poste qui sont ressortissants ou résidents permanents de l'État de résidence ne disposent, s'ils sont fonctionnaires consulaires, de l'immunité juridictionnelle et de l'inviolabilité personnelle que pour les actes officiels accomplis dans l'exercice des fonctions, et, s'agissant des autres membres et de leur famille, que des immunités et privilèges que leur reconnaît l'État de résidence (article 71).

b. Les immunités et privilèges du poste consulaire

Les locaux consulaires sont inviolables (article 31). Ne sont visés que les locaux à usage professionnel, non la résidence des fonctionnaires consulaires. Les autorités de l'État de résidence ne peuvent y pénétrer qu'avec le consentement du chef de poste. Toutefois, ce consentement est présumé « en cas d'incendie ou autre sinistre exigeant des mesures de protection immédiate » : l'inviolabilité n'est pas absolue. Il n'y a pas, en principe, d'asile consulaire. Il est cependant arrivé que des personnes se réfugient dans des locaux consulaires mais les démarches pour obtenir un sauf-conduit sont accomplies par la mission diplomatique du pays envoyant le consulat ; cela suppose à la fois qu'il existe une telle ambassade, car des États peuvent avoir des relations consulaires en l'absence de relations diplomatiques et que l'État de résidence ne s'offusque pas que l'asile ait été accordé dans un consulat. Les archives et documents bénéficient de l'inviolabilité (article 33) ; par contre si locaux, biens et moyens de transport ne peuvent faire l'objet de réquisition à des fins d'utilité publique, ils sont susceptibles d'expropriation et les mesures d'exécution ne sont pas exclues (article 31). L'exemption fiscale s'applique aux locaux (article 32) et l'exemption douanière aux objets à usage officiel du poste (article 50).

L'article 35 organise la liberté de communication et l'inviolabilité de la correspondance officielle. Selon le paragraphe 3 « La valise consulaire ne doit être ni ouverte ni retenue. Toutefois, si les autorités compétentes de l'État de résidence ont de sérieux motifs de croire que la valise contient d'autres objets que la correspondance [...], elles peuvent demander que la valise soit ouverte en leur présence par un représentant autorisé de l'État d'envoi » ; l'inviolabilité de la valise consulaire n'est donc pas absolue.

2. Le fonctionnement des postes consulaires

Il existe souvent, dans l'opinion publique, une tendance à confondre missions diplomatiques et consulaires. L'originalité des missions consulaires est pourtant très marquée mais il est vrai que la confusion est entretenue par le fait que la mission diplomatique d'un État peut être investie en même temps de fonctions consulaires (article 3). Dans ce cas, les noms des membres de la mission diplomatique chargés de ces fonctions consulaires sont notifiés au ministère des affaires étrangères de l'État de résidence et leurs privilèges et immunités sont ceux applicables aux missions diplomatiques (article 70). D'autre part, si l'État d'envoi n'a pas de mission diplomatique dans l'État de résidence et n'y est pas représenté par la mission d'un État tiers, il peut, avec le consentement de l'État de résidence, charger de l'accomplissement d'actes diplomatiques un fonctionnaire consulaire qui garde son statut consulaire (article 17). S'ajoute à cela l'article 20 du traité instituant la Communauté européenne tel que rédigé après l'adoption du traité sur l'UE (traité de Maastricht) inclus dans les dispositions relatives à la citoyenneté européenne et qui stipule : « Tout citoyen de l'Union bénéficie, sur le territoire d'un pays tiers où l'État membre dont il est ressortissant n'est pas représenté, de la protection de la part des autorités diplomatiques et consulaires de tout État membre, dans les mêmes conditions que les nationaux de cet État. Les États membres établissent entre eux les règles nécessaires et engagent les négociations requises en vue d'assurer cette protection. »

À la différence de la mission diplomatique qui est unique pour chaque État accréditant dans un État accréditaire donné, il est fréquent qu'un même État d'envoi dispose des plusieurs postes consulaires dans un autre État. C'est pourquoi est utilisée l'expression de circonscription consulaire qui marque bien le caractère administratif des fonctions; elle correspond au « territoire attribué à un poste consulaire pour l'exercice des fonctions consulaires » (article 1b).

L'établissement du poste et la cessation des fonctions reposent sur des règles voisines de celles régissant les missions diplomatiques mais adaptées aux particularités des missions consulaires. Le rôle du poste consulaire a une spécificité plus marquée.

a. L'établissement du poste et la cessation des fonctions

L'établissement des relations consulaires se fait par consentement mutuel (article 2.1) et en principe le consentement à l'établissement de relations diplomatiques implique le consentement à l'établissement de relations consulaires (article 2). L'État d'envoi nomme les membres du personnel consulaire, envoie la liste à l'État de résidence qui peut déclarer non acceptable telle personne; la nomination doit alors être retirée (articles 19.1 et 23.3). Chaque chef de poste, nommé par l'État d'envoi, est muni par lui d'une lettre de provision indiquant notamment la circonscription consulaire et le siège du poste consulaire, transmise au gouvernement de l'État de résidence. S'il n'y a pas d'opposition quant à la personne, le chef de poste vient prendre ses fonctions; il n'est, en principe, admis à les exercer que par une autorisation dénommée *exequatur* (article 12 et articles 13 et 15 pour les exceptions), laquelle peut être discrétionnairement refusée. En France l'*exequatur* est accordé par un décret du chef de l'État. L'exercice de fonctions multiples est possible, sauf opposition des États intéressés; un poste peut exercer des fonctions consulaires dans un autre État que celui où il est établi; un poste peut exercer des fonctions consulaires pour le compte d'un État tiers (articles 7 et 8). La France dispose d'une centaine de postes consulaires.

Les relations consulaires ne valent pas reconnaissance d'État ou de gouvernement; elles peuvent être nouées en l'absence de reconnaissance et donc de relations diplomatiques. La rupture des relations diplomatiques n'entraîne pas automatiquement celle des relations consulaires, pas plus que la guerre.

La fin des fonctions d'un membre du personnel consulaire peut intervenir à l'initiative de l'État d'envoi soit dans le cadre du déroulement de la carrière de l'agent, soit pour sanctionner un mauvais comportement de ce dernier, soit pour exprimer un mécontentement à l'égard de l'État de résidence. L'initiative peut venir de l'État de résidence. Si le chef de poste est visé, il le déclare *persona non grata*. L'État d'envoi le rappelle alors ou met fin à ses fonctions dans un délai raisonnable ; à défaut, l'État de résidence peut retirer l'*exequatur*, ce qui met fin aux fonctions (articles 23 et 25). Pour les autres membres du poste, l'État de résidence informe l'État d'envoi que tel membre n'est pas acceptable ; si l'État d'envoi n'en tient pas compte dans un délai raisonnable l'État de résidence peut cesser de considérer la personne comme membre du personnel consulaire et cela met fin à ses fonctions. En cas de rupture des relations consulaires, l'État d'envoi peut confier la protection de ses intérêts et de ceux de ses ressortissants à un État tiers acceptable pour l'État de résidence (article 27).

b. Le rôle du poste consulaire

Les fonctions d'un poste consulaire sont multiformes. L'article 5 de la Convention de Vienne n'énumère pas moins de douze rubriques, la treizième établissant le caractère non limitatif de la liste. Celle-ci correspond à deux grands types d'attributions : favoriser le développement des relations commerciales, économiques, culturelles et scientifiques, protéger les intérêts des ressortissants. Le poste consulaire est donc appelé à jouer un rôle très concret, très vivant.

En matière de relations commerciales, économiques, culturelles, scientifiques, il s'agit d'informer, par des moyens licites (gare à l'espionnage industriel ou autre…), l'État d'envoi sur la situation de l'État de résidence mais aussi de favoriser l'essor de ces relations. Sur ce point, le rôle de la mission sera ce qu'en font les membres de la mission, à commencer par le chef de poste, exactement comme le rôle d'un sous-préfet en France est fonction du dynamisme du titulaire de l'emploi ; cela consiste à établir des contacts entre les professionnels et milieux intéressés des deux pays à travers l'organisation de diverses manifestations : foires, festivals, conférences, expositions... Ces contacts peuvent conduire à l'élaboration d'accords internationaux pour la négociation desquels la mission diplomatique prendra le relais mais l'influence du poste consulaire sera importante car il joue un rôle à la fois d'initiateur et d'expert.

La protection des intérêts des ressortissants est entendue largement puisqu'elle englobe la délivrance des passeports, l'établissement d'actes notariés, des actes de l'état civil, c'est-à-dire l'enregistrement des naissances et décès, la célébration des mariages entre les ressortissants de l'État d'envoi et éventuellement entre un ressortissant de l'État d'envoi et celui d'un autre État si l'État de résidence ne s'y oppose pas. Il s'agit encore d'aider les ressortissants en cas de successions sur le territoire de l'État de résidence, de sauvegarder les intérêts des mineurs et incapables, d'aider les nationaux dans leurs démarches devant l'administration mais aussi les tribunaux notamment en vue de l'adoption de mesures provisoires ou de les représenter, de transmettre des actes judiciaires ou extrajudiciaires, de porter secours et assistance. L'article 36 prévoit la liberté de communication des fonctionnaires consulaires avec les ressortissants de l'État d'envoi. En cas d'incarcération ou de mise en détention préventive de l'un de ces ressortissants, à sa demande, les autorités de l'État de résidence doivent « avertir sans retard le poste consulaire de l'État d'envoi » et les fonctionnaires consulaires ont le droit de se rendre auprès de cette personne ; les autorités de l'État de résidence « doivent sans retard informer l'intéressé de ses droits aux termes du présent alinéa » (§ 1, b). Ces dispositions sont dans l'actualité judiciaire internationale : la responsabilité des États-Unis vient d'être engagée à deux reprises par la CIJ sur la base de cette obligation d'information « sans retard » de détenus de leur droit à l'assistance consulaire d'abord dans l'affaire LaGrand (Allemagne / États-Unis) (arrêt du 27 juin 2001) ; deux frères, ressortissants allemands n'ont pu bénéficier à temps de cette protection ; l'un d'eux, Karl est exécuté le 24 février 1999 alors que l'Allemagne s'apprête à déposer sa requête, le 20 mars suivant ; l'autre, Walter, est à son tour exécuté le 24 février 1999 alors que la CIJ a ordonné le sursis à l'exécution de la peine de mort par une ordonnance en mesures conservatoires du 3 mars 1999. Dans la seconde affaire, Avena (Mexique / États-Unis), intéressant une cinquantaine de ressortissants mexicains incarcérés aux États-Unis, l'arrêt est rendu le 31 mars 2004. La Cour interaméricaine des droits de l'homme a également rendu un avis consultatif remarqué le 1er octobre 1999 sur le « Droit d'être informé de l'assistance consulaire à la lumière des garanties d'un procès équitable ». Le poste consulaire assiste les navires et avions dans leurs démarches ou, en cas de difficulté, pour faire des enquêtes en cas d'incidents de navigation ou de contestations à bord ; à l'inverse, des droits de contrôle et d'inspection sont exercés sur navires et avions ressortissants de l'État ; cela explique que les consulats soient nombreux dans les villes portuaires.

Les consulats délivrent aussi les visas aux personnes qui veulent se rendre dans l'État d'envoi.

L'importance des missions consulaires est donc considérable. La multiplication des déplacements et séjours touristiques ou de travail des individus autant que l'implantation des entreprises et activités en tout genre à l'étranger, sans parler du développement de la criminalité internationale, des attentats et prises d'otages font que l'institution n'est nullement sur le déclin. Aussi bien la CIJ souligne-t-elle dans l'affaire du personnel diplomatique et consulaire des États-Unis à Téhéran que le déroulement sans entrave des relations consulaires n'est pas moins important que celui des relations diplomatiques (ordonnance du 15 décembre 1979, Rec., p. 19-20).

La sécurité des missions tant diplomatiques que consulaires n'est pas toujours garantie en fait alors qu'elle l'est en droit. Elles sont à l'époque contemporaine, trop fréquemment la cible d'attentats et violences souvent liées au terrorisme international. C'est pourquoi a été adoptée le 14 décembre 1973 la Convention sur « la prévention et la répression des infractions contre les personnes jouissant d'une protection internationale, y compris les agents diplomatiques » faisant obligation de juger ou extrader. Elle n'a pas dissuadé les prises d'otages à Téhéran en novembre 1979 ou les attentats contre les ambassades américaines à Mogadiscio et Nairobi en 1998.

La mondialisation contribue à ces phénomènes. Elle a aussi des répercussions sur le contenu de la diplomatie qui s'étend de plus en plus au champ économique et rejaillit sur l'activité des diplomates et des consuls. La diplomatie économique intéresse les États car ils cherchent à attirer sur leur territoire les activités économiques productrices de richesse et à aider leurs entreprises qui se *multinationalisent*. Ils passent au stade de l'*État compétitif* car ils entrent en concurrence sur le terrain économique qui est l'un des terrains de la puissance. Cette compétition, toute fois n'intéresse pas que des États mais aussi les firmes privées, ce qui crée des relations entre les États compétiteurs, entre les firmes et entre États et firmes[15]. D'interétatiques, les relations sont devenues internationales puis globales, mondiales : à l'outil de base diplomatique et consulaire de l'État de s'adapter.

15. Chavagneux Christian, « La diplomatie économique : plus seulement une affaire d'États », *Pouvoirs*, n° 88, 1999, janvier, pp. 33 et s.

Chapitre III

Les organisations internationales : l'exemple de l'Organisation des Nations unies

Les organisations internationales sont entendues au sens strict d'organisations intergouvernementales dans le cadre du présent chapitre. Alors qu'elles sont l'objet, dans la première partie (tome I), d'une analyse en tant qu'acteurs de la scène internationale, elles sont envisagées ci-après en tant que sujets de droit. Dans le cadre de cet ouvrage, seul est étudié le cas de l'ONU, l'organisation globale actuelle. Les autres catégories d'organisations internationales, européennes ou autres, sont abordées dans la suite du cursus d'études juridiques.

L'Organisation des Nations unies, comme la Société des Nations, voit le jour après un conflit mondial. Sa création est préparée pendant la guerre. Dès le 14 août 1941, la Charte de l'Atlantique établie par Churchill et Roosevelt à l'occasion d'une rencontre sur un croiseur au large de Terre-Neuve pour, disent-ils, « faire connaître certains principes communs de la politique nationale de leurs pays respectifs sur lesquels ils fondent leurs espoirs d'un meilleur avenir pour le monde » fait allusion à la nécessaire collaboration entre toutes les nations, à la renonciation à l'usage de la force, à l'« institution d'un système permanent de sécurité générale ». Le 1er janvier 1942, 26 États « souscrivent » au programme « d'objectifs et de principes communs » incorporés dans la Charte de l'Atlantique dans ce qu'ils intitulent la Déclaration des Nations unies qui déterminera le nom de la future Organisation. À la conférence de Moscou d'octobre 1943 réunissant les ministres des Affaires étrangères de Chine, des États-Unis, de Grande-Bretagne et d'URSS est posé le principe de la création aussitôt que possible d'une organisation internationale chargée du maintien de la paix. Il ne paraît pas opportun de faire revivre la SDN : les États-Unis n'en ont pas été membres, l'URSS en a été exclue, or ce sont les deux grandes puissances du moment, et de surcroît, elle n'a pas empêché la survenance d'un nouveau conflit mondial alors qu'elle avait largement été créée dans cette perspective.

Les signataires de la déclaration de Moscou constituent des comités d'experts nationaux chargés de préparer un projet de texte. Une fois leurs travaux suffisamment avancés, se réunit du 21 août au 7 octobre 1944 à Dumbarton Oaks, localité proche de Washington, une conférence d'experts qui préparent un texte assez précis, reprenant en partie le système de la SDN. Certains points supposent encore une négociation ; sur la question du droit de vote au sein de l'organe restreint, futur Conseil de sécurité, il s'agit de savoir si l'unanimité des grandes puissances sera ou non requise et il y a le problème de la représentation de l'URSS. Ces aspects sont réglés à Yalta en février 1945 (*cf.*, tome I, pp. 45, 47, 48). Il est alors décidé de réunir une Conférence des Nations unies sur l'organisation mondiale. Elle s'ouvre à San Francisco le 25 avril 1945 à l'initiative de quatre puissances invitantes : Chine, États-Unis, Grande-Bretagne et URSS. La France, priée de se joindre à elles, refuse mais se rallie à leurs propositions. Sont invités les États en lutte contre les puissances de l'Axe, ceux qui s'engagent à leur déclarer la guerre, puis d'autres invités en cours de conférence. Le 26 juin 1945, 51 parties signent la Charte qui entre en vigueur le 24 octobre 1945 après le dépôt des instruments de ratification par les membres permanents du Conseil de sécurité et la moitié des autres signataires. Le texte comporte 111 articles et lui est annexé le statut de la Cour internationale de justice (CIJ).

La modification de la Charte est rendue assez difficile en raison du libellé des règles de procédure, qui ouvrent deux possibilités. L'article 108 prévoit que les amendements, portant donc sur un nombre limité de dispositions, doivent être adoptés par l'AG à la majorité des deux tiers et leur entrée en vigueur est subordonnée à une ratification par les deux tiers des membres, y compris tous les membres permanents du CS. La révision de la Charte (article 109) suppose l'organisation d'une conférence décidée à la majorité des deux tiers à l'AG et par un vote de neuf membres du CS (c'est-à-dire que les membres permanents n'ont pas, en ce cas, de droit de veto). Toute modification recommandée à la majorité des deux tiers par la conférence n'entrera en vigueur qu'après ratification par deux tiers des membres de l'Organisation, y compris tous les membres permanents du CS. La majorité des deux tiers est évidemment difficile à atteindre et de surcroît l'entrée en vigueur de n'importe quelle modification suppose l'accord des membres permanents, lesquels ont été en désaccord permanent tant qu'a duré le système des blocs. Malgré tout, des amendements aux articles 23, 27, 61 et 109 ont été adoptés et sont entrés en vigueur, entre les années 1963 et 1968.

L'ONU devient la nouvelle organisation globale. Ses créateurs s'efforcent de ne pas reproduire les sources de faiblesse de la SDN mais ils n'entendent pas mettre sur pied une organisation empiétant trop sur leurs compétences ; ils souhaitent, par ailleurs, imaginer une institution adaptée au monde à venir ; cependant, ils ne peuvent pas ne pas être influencés par le contexte de fin de guerre dans lequel la Charte est élaborée. Il convient de ne pas perdre cela de vue lorsqu'on analyse l'institution et son impact à travers l'examen de ses attributs (étendue de sa personnalité juridique et de ses compétences) (section I), de sa composition (capacité à tendre vers l'universalité) (section II), de sa structure (aptitude à la mise en œuvre des attributions) (section III).

SECTION I
LES ATTRIBUTS DE L'ONU

Il s'agit là d'envisager les attributions de compétence de l'Organisation mais aussi l'étendue de sa capacité juridique, de sa personnalité juridique.

§1 – LA PERSONNALITÉ JURIDIQUE DE L'ORGANISATION.

Sur ce point, la Commission du droit international (CDI), dans son projet d'étude sur la responsabilité des organisations internationales, entreprise en 2002, adopte en 2003 un projet d'article 2 portant définition qui donne des indications : « On entend par *organisation internationale* toute organisation instituée par un traité ou un autre instrument régi par le droit international et dotée d'une personnalité juridique internationale propre. Outre des États, une organisation peut comprendre parmi ses membres des entités autres que des États. »

Cette dernière assertion peut surprendre. Les organisations internationales (OIG) sont généralement composées d'États, mais elles peuvent aussi intégrer des organisations internationales ou d'autres sujets de droit, à titre plus exceptionnel ; ainsi l'ONU à sa création compte-t-elle l'Inde, dominion britannique, qui ne devient indépendante que le 15 août 1947, ou encore l'Ukraine et la Biélorussie, alors républiques fédérées de l'Union soviétique, devenues indépendantes en décembre 1991 (voir tome I, p. 47, 48). La définition proposée par la CDI traite la question de la personnalité juridique internationale de l'organisation internationale comme une évidence. Il est vrai qu'on ne voit pas comment pourrait être engagée la responsabilité d'une OIG si elle n'avait pas la qualité de sujet de droit international. La question n'est pourtant pas limpide. La raison d'être d'une OIG est fonctionnelle ; elle correspond à la volonté des États de disposer d'un instrument pour mettre en œuvre des objectifs déterminés. Seule la possession de la personnalité juridique permettra à l'OIG de mener à bien sa tâche et sa personnalité, comme celle d'une confédération d'États, est liée à la fonction remplie par l'organisation, à ses buts et obligations.

Cette personnalité lui est indispensable d'abord pour pourvoir aux nécessités de sa vie juridique interne sur le territoire des États membres et particulièrement celui de l'État de siège (c'est-à-dire celui où elle a son siège, où elle est établie) : acquisition de bien, passation de contrats, action en justice. Ces pouvoirs, cette personnalité juridique interne sont souvent reconnus par les traités institutifs. Pour l'ONU, l'article 104 de la Charte stipule : « L'Organisation jouit, sur le territoire de chacun de ses membres, de la capacité juridique qui lui est nécessaire pour exercer ses fonctions et atteindre ses buts » et l'article 105 utilise une formulation identique relativement aux privilèges et immunités. De même, l'article 282 du traité de Rome instituant la Communauté européenne (CE) stipule : « Dans chacun des États membres, la Communauté possède la capacité juridique la plus large reconnue aux personnes morales par les législations nationales ; elle peut notamment acquérir ou aliéner des biens mobiliers et immobiliers et ester en justice. »

En revanche la personnalité juridique internationale, celle tournée vers l'accomplissement de la mission internationale de l'organisation, n'est, pendant longtemps, jamais mentionnée explicitement par les traités institutifs. Sans doute au départ, les États ont-ils du mal à admettre qu'ils créent de nouveaux sujets de droit international en dehors d'eux-mêmes. C'est le cas pour l'ONU : la Charte ne mentionne pas l'attribution de la personnalité internationale à l'Organisation. Celle-ci va lui être reconnue par la CIJ dans son avis consultatif du 11 avril 1949 relatif à la réparation des dommages subis au service des Nations unies ; l'ONU, dit-elle, est « destinée à exercer des fonctions et à jouir de droits qui ne peuvent s'expliquer que si l'Organisation possède une large mesure de personnalité internationale et la capacité d'agir sur le plan international » ; il s'agit d'une « personnalité internationale objective », c'est-à-dire opposable à tous les États et autres sujets de droit international et pas seulement aux États membres (Rec, pp. 179 et 185). Bien qu'il ne s'agisse que d'un avis, la position de la Cour n'a pas été contestée. De là date la première reconnaissance sans ambiguïté de la personnalité internationale d'une OIG. À l'époque contemporaine, certaines chartes institutives accordent explicitement cette personnalité : article 281 du traité CE (« La Communauté a la personnalité juridique ») ou l'article VIII-1 de l'accord du 15 avril 1994 instituant l'OMC (« L'OMC aura la personnalité juridique et se verra accorder, par chacun de ses membres, la capacité juridique qui pourra être nécessaire à l'exercice de ses fonctions »). On peut noter que le projet de traité établissant une Constitution pour l'Europe du 30 septembre 2003 reconnaît la personnalité juridique à l'UE dans son article 1.7 : « L'Union a la personnalité juridique. » Cependant nombre de traités créant des organisations internationales sont encore à l'heure actuelle muets sur cette question. C'est le cas de l'acte instituant l'Union africaine du 13 juillet 2000 ; il ne contient aucune disposition sur la capacité juridique dans l'ordre interne des États, ni sur la personnalité internationale, ce qui ne signifie pas que l'Organisation n'en dispose pas.

Il va de soi que l'existence de cette personnalité juridique ne confère pas seulement à l'organisation internationale le pouvoir d'exercer ses compétences ; elle lui donne aussi l'autonomie juridique par rapport aux États et elle lui assure la pérennité, la permanence, quels que soient les membres qui la composent.

§2 – La compétence de l'Organisation

L'ONU est conçue comme une organisation à vocation générale ; ses compétences sont très largement entendues par l'article 1 de la Charte qui expose les buts :

1° Maintenir la paix et la sécurité internationales, en contribuant au règlement pacifique des différends, en prévenant les menaces pour la paix et au besoin en réprimant les actes d'agression ou de rupture de paix.

2° Développer entre les nations des relations amicales fondées sur le respect du principe du droit des peuples à disposer d'eux-mêmes.

3° Réaliser la coopération internationale en matière économique, sociale, intellectuelle, humanitaire, en développant le respect des droits de l'homme.

4° « Être un centre où s'harmonisent les efforts des nations vers ces fins communes », autrement dit, constituer un forum de discussion, de réflexion, de négociation. C'est une finalité souvent perdue de vue dans l'analyse des objectifs assignés à l'ONU, pourtant fort utile et peut-être assez bien assumée.

Les buts sont ambitieux et multiformes. Ils donnent des titres de compétence touchant à tous les domaines de la vie en société internationale, y compris dans ses aspects les plus politiques à travers le maintien de la paix.

Il va de soi que, pour atteindre ces buts, l'ONU est en concurrence avec les États. Ceux-ci peuvent se prémunir contre des interventions éventuelles de l'Organisation « dans les affaires qui relèvent essentiellement de la compétence d'un État », interdites par l'article 2, §7 de la Charte, sauf en cas d'« application des mesures de coercition prévues au chapitre VII ». L'exception de compétence nationale est souvent invoquée par les États or son contenu est mal défini. La France, par exemple, l'a invoquée pendant la *guerre* d'Algérie, sans grand succès, lors des débats à l'Assemblée générale. En pratique, seuls les membres permanents sont en mesure de faire prévaloir leur conception de la compétence nationale et des limites imparties à l'ONU au sein du Conseil de sécurité où ils disposent du droit de veto; celui-ci ne s'applique toutefois pas à l'Assemblée générale.

Il existe des domaines dans lesquels l'ONU est seule compétente :

- fonctionnement interne de l'Organisation;
- possibilité d'entreprendre des opérations armées en cas de menace pour la paix internationale, ou de rupture de paix. L'Organisation a le monopole du recours éventuel à la force, interdit aux États par l'article 2, §4 sauf situation de légitime défense (article 51) (*cf.* p. 15 et s.). Le recours à la force armée est également interdit aux organisations internationales, même celles qui ont compétence en matière de paix et de sécurité, sauf

autorisation du Conseil de sécurité. L'article 53 de la Charte l'exprime sans ambiguïté : « Aucune action coercitive ne sera entreprise en vertu d'accords régionaux ou par des organismes régionaux sans l'autorisation du Conseil de sécurité », à moins bien entendu que soient réunies les conditions de la légitime défense collective. La lecture de ces dispositions montre clairement que ni l'intervention de l'OTAN au Kosovo en 1999, ni celle de la coalition emmenée par les États-Unis en Irak en 2003 ne sont conformes aux exigences de la Charte. C'est ainsi qu'est établie la base du mécanisme de sécurité collective mis en place par la Charte ; il n'y a pas de recours à la coercition possible sans autorisation ou action du Conseil de sécurité, qui, c'est le talon d'Achille du mécanisme, peut être paralysé par le veto d'un ou plusieurs membres permanents. L'institution de la légitime défense est alors là pour permettre de pallier les déficiences les plus aiguës du système.

La Charte pose en outre le principe de sa priorité par rapport aux accords conclus par les membres de l'Organisation : « En cas de conflit entre les obligations des membres des Nations unies en vertu de la présente Charte et leurs obligations en vertu de tout autre accord international, les premières prévaudront. » La loi spéciale ou plus récente que constitue un autre accord ne permet pas d'écarter l'application de la loi générale ou antérieure que constitue la Charte, ce qui donne à cette dernière une grande force, qui ne vaut pas dans les rapports avec la coutume, non mentionnée à l'article 103.

SECTION II
LA COMPOSITION DE L'ONU

L'ONU est en principe composée d'États : les articles 3 et 4 de la Charte visant les diverses catégories de membres ne mentionnent que les États. Toutefois (p. 170), l'Organisation a pu compter parmi ses membres des entités de type étatique mais non indépendantes, situation aujourd'hui révolue. Des entités spécifiques comme le Saint-Siège ou la Palestine disposent d'un statut d'observateur très perfectionné mais ne sont pas membres à proprement parler; leur fait défaut, en particulier, le droit de vote.

Les membres se divisent en deux catégories :

- les membres originaires (article 3) qui, ayant signé la déclaration des Nations unies ou participé à la Conférence de San Francisco, ont signé et ratifié la Charte. Ils sont 51 ;
- les membres admis (article 4), une fois la procédure d'admission aboutie.

Sauf cette différence liée à la procédure d'entrée dans l'Organisation, les deux catégories de membres sont dotées d'un statut uniforme. La procédure d'admission a été très utilisée puisque le nombre de membres a presque quadruplé par rapport à 1945. En revanche, aucun État n'est sorti.

§1 – L'ADMISSION À L'ORGANISATION

Elle suppose de se conformer aux conditions d'admission. Certains blocages politiques suscitent parfois des difficultés relatives à la composition de l'ONU entraînant des problèmes d'admission ou de représentation.

A. Les conditions d'admission

Elles sont posées par l'article 4 qui définit à la fois des conditions de fond auxquelles doit satisfaire le candidat et des conditions de procédure.

1. Les conditions de fond

L'État candidat doit, selon l'article 4. 1. :

- être pacifique, ce qui est le minimum exigible pour entrer dans une organisation dont le but premier est le maintien de la paix ;
- accepter les obligations découlant de la Charte, ce qui doit se lire *toutes* les obligations ; il n'est pas question d'émettre des réserves sur telle ou telle disposition ;

– être capable de les remplir, c'est-à-dire avoir une organisation suffisante, effective, de pouvoirs publics ; cette exigence peut éventuellement constituer un obstacle pour un micro-État ou État exigu (*cf.* p. 46-47) ;
– être disposé à remplir ses obligations, ce qui sera délicat à établir : comment sonder les intentions d'un État ?

L'éventail et le contenu des conditions sont suffisamment ouverts pour laisser une marge d'appréciation aux organes habilités à accepter ou refuser l'admission d'un candidat.

2. Les conditions de procédure

L'article 4.2 stipule que l'admission se fait par décision de l'Assemblée générale sur recommandation du Conseil de sécurité. Le CS se prononce donc d'abord et vote à la majorité habituelle de 9 voix sur 15, chacun des 5 membres permanents pouvant faire jouer son droit de veto. En cas d'usage du veto par un membre ou d'absence de majorité favorable, le CS ne peut pas *recommander* l'admission et la procédure en restera là. S'il y a une majorité favorable et absence d'utilisation du veto, la demande d'admission est transmise à l'Assemblée générale qui décide à la majorité des 2/3 des présents et votants.

Dans la grande majorité des cas, la procédure d'admission se déroule sans heurt ; des difficultés ne sont cependant pas exclues.

B. Les difficultés relatives à la composition de l'Organisation

Elles peuvent être liées à l'admission mais aussi à la représentation d'un État par ailleurs admis et ayant la qualité de membre.

1. Les difficultés relatives à l'admission

Les premières difficultés en matière d'admission tiennent au climat de guerre froide dans lequel commence à fonctionner l'ONU. À partir de 1947, les admissions de nouveaux membres sont bloquées. L'Union soviétique souhaite l'admission d'État ex-ennemis devenus démocraties populaires et les Occidentaux veulent la même chose à l'égard de leurs sympathisants, en particulier l'Italie. Or, au Conseil de sécurité, chacun des camps s'oppose aux admissions d'États de l'autre bord : les prosoviétiques n'obtiennent même pas la majorité des voix et les pro-occidentaux se heurtent au veto soviétique. L'URSS propose une sorte de marchandage consistant à lier les admissions les unes aux autres, ce qui revient à ajouter une condition à celles prévues à l'article 4. L'Assemblée générale demande un avis sur ce point à la CIJ qui estime, le 28 mai 1948, qu'il est impossible d'ajouter des conditions à celles prévues à l'article 4. Le blocage persiste et quelques années plus tard, toujours à l'initiative des Occidentaux, une nouvelle demande d'avis est formulée par l'Assemblée générale à la CIJ quand au point de savoir si l'admission ne pourrait pas résulter du seul vote de l'Assemblée générale lorsque le Conseil de sécurité ne l'a pas recommandée. Dans son avis du 3 mars 1950, la Cour refuse, estimant qu'au vu de l'article 4 la recommandation du CS est indispensable ; cela revient à dire : « Rien que la Charte, mais toute la Charte. »

La situation ne se débloque que lorsque le 14 décembre 1955, l'URSS renonce au veto ; à ce moment-là, les Occidentaux votent pour des membres du bloc soviétique. Dans la foulée, 16 États sont admis.

Par la suite, les admissions vont connaître deux grandes vagues, celle de la décolonisation et celle de l'éclatement de l'URSS ou encore de la Yougoslavie. Souvent, à partir de la décolonisation, les admissions se font par acclamation à l'Assemblée générale. Il arrive que le veto joue ; par exemple celui de la Chine (RPC) à l'admission du Bangladesh entre 1972 et 1974. Depuis l'admission de la Suisse et du Timor Oriental en 2002, l'ONU compte 191 membres contre 159 début 1990 avant l'éclatement de pays communistes ; elle satisfait donc à l'exigence d'universalité, à quelques unités près.

La situation de certains membres soulève cependant des difficultés variées. Parfois, plusieurs gouvernements prétendent représenter un État ; lequel va pouvoir envoyer une représentation à l'ONU ? Faute de réponse aisée, le siège va parfois rester vacant ; il peut l'être aussi pour d'autres raisons.

2. Les difficultés relatives à la représentation des États

La difficulté la plus importante a longtemps intéressé la représentation du gouvernement chinois. La Chine, en tant qu'État, est puissance invitante à la Conférence de San Francisco et membre originaire de l'ONU. C'est le gouvernement au pouvoir à Pékin qui envoie une délégation. En 1949, ce gouvernement est conduit à s'exiler à Taïwan après l'installation du communisme sur le continent mais il continue à envoyer une représentation aux Nations unies où la Chine continentale n'est pas représentée. Jusqu'en 1961, l'Assemblée générale refuse d'inscrire la question à son ordre du jour. Cette année-là, l'Albanie, pratiquant à cette époque une politique prochinoise, dépose un projet de résolution tendant au changement de représentation de la Chine. Les États-Unis déposent aussitôt un autre projet de résolution, de procédure, au terme duquel cette question est importante. Ce n'est pas la simple affirmation d'une banale évidence ; en effet, selon l'article 18.2 de la Charte : « Les décisions de l'Assemblée générale sur les questions importantes sont prises à la majorité des deux tiers des membres présents et votants » et l'article 18.3 précise : « La détermination de nouvelles catégories de questions à trancher à la majorité des deux tiers, sont prises à la majorité des membres présents et votants. » Le projet américain est mis au vote et obtient une très forte majorité, au-delà des deux tiers, car le monde occidental domine à l'ONU. Une majorité des deux tiers est donc ensuite requise pour l'adoption du projet albanais, qui ne l'obtient pas. Pendant plusieurs années, les deux projets de résolution sont successivement mis aux voix avec le même résultat. Progressivement cependant, la structure du vote évolue et le projet albanais récolte pour la première fois la majorité simple en 1970. En 1971, le basculement s'opère ; la proposition américaine n'a pas la majorité ; la question n'est donc plus considérée comme *importante*, du moins au plan procédural et le projet albanais recueille les deux tiers alors que la majorité simple suffit. Depuis, c'est le gouvernement de Pékin qui représente la Chine, membre permanent et titulaire du droit de veto. Taïwan, qui, avec 22 millions d'habitants, n'est pas un micro-État, ne siège pas aux Nations unies.

Plusieurs États ont pu ou peuvent se trouver en situation de membres sans représentation, leur siège restant vacant pour une période plus ou moins longue.

Cela s'est produit brièvement au moment de l'indépendance pour le Congo ex-belge, appelé par la suite Zaïre en 1971 puis république démocratique du Congo à partir de 1997. Il est admis aux Nations unies le 20 septembre 1960 mais deux séries de délégations présentent des pouvoirs à l'Assemblée générale, l'une envoyée par le président de la République, l'autre par le Premier ministre. La commission des pouvoirs recommande à la mi-novembre d'accepter les pouvoirs émanant du président, solution entérinée par l'AG le 22 novembre, permettant au Congo de siéger. Il s'agit d'une vacance de siège très brève.

L'Afrique du Sud à l'époque de la politique de l'apartheid va connaître une situation particulière. Les Nations unies font le choix de ne pas l'exclure mais la majorité des membres est hostile aux pratiques de son gouvernement, violatrices du droit international. À partir de 1970, les pouvoirs de sa délégation sont rejetés, ce qui est interprété par le président de l'AG en 1974 comme lui interdisant de participer à ses travaux. Cependant, il arrive que l'Afrique du Sud participe à des séances du Conseil de sécurité généralement du fait de ses incursions armées chez ses voisins, sur lesquelles elle est amenée à s'expliquer ; elle garde son siège, vide, avec sa plaque, à l'AG ; le montant de sa contribution continue à être déterminé mais elle ne la verse pas. Les pouvoirs de sa délégation sont à nouveau acceptés en 1994 après la fin du régime de ségrégation raciale et l'organisation d'élections démocratiques. L'AG décide d'annuler l'arriéré de ses cotisations dues depuis 1974.

Le Cambodge intéresse les deux situations. En 1975, les Khmers rouges prennent le pouvoir et leur gouvernement envoie naturellement une délégation, le pays prenant le nom de Kampuchéa démocratique. En 1979, le Vietnam chasse militairement les Khmers rouges et suscite la création d'un gouvernement à sa dévotion, après avoir violé les principes de non-intervention et de non-recours à la force, même si cela entraîne la chute d'un régime abominable. Les deux gouvernements prétendent représenter le pays et l'AG maintient les pouvoirs de la délégation du Kampuchéa, sanctionnant les violations d'origine vietnamienne. Par la suite va se produire une vacance de siège entre septembre 1990 et juillet 1991 lors de la mise en place du plan de paix, faute de constitution du Conseil national suprême prévu pour gouverner le pays. À nouveau, après un coup d'État intervenu en juillet 1997, deux gouvernements envoient une délégation en septembre 1997, l'AG ne reconnaît aucun pouvoir et le siège demeure vacant jusqu'en décembre 1998.

En ex-Yougoslavie, la Serbie et le Monténégro proclament le 27 avril 1992 la république fédérale de Yougoslavie (Serbie-Monténégro), présentée comme le continuateur de la RSFY. Par la résolution 777 du 19 septembre 1992, le CS estime que la RSFY a cessé d'exister, que la RFY doit présenter une demande d'admission et ne peut participer aux travaux de l'AG. Cette dernière adopte le 23 septembre suivant la résolution A/47/1 (avec 127 voix pour, 26 abstentions et 5 voix contre) retenant le même point de vue. Une résolution du même type prévoit l'extension de ce régime au Conseil économique et social en 1993. La RFY ne participe plus aux travaux de l'AG ou de l'ECOSOC mais cela ne signifie pas la fin de sa qualité de membre puisqu'elle garde son fauteuil, sa plaque, son drapeau; ses contributions sont fixées et payées. La situation se normalise lorsqu'après la chute du régime de M. Milosevic, le président Koschnick adresse le 27 octobre 2000 une lettre de demande d'admission. Sur recommandation du CS par la résolution 1326 du 31 octobre, l'AG admet la RFY le 1er novembre 2000[16].

16. Devant la CIJ, amenée à se prononcer à plusieurs reprises sur la question, l'évolution des prétentions de la RFY quant à sa qualité d'État nouveau

Depuis la 47e session de l'AG en 1992, le siège de la Somalie est vacant (*cf.* p. 101).

Un cas particulier est constitué par la Macédoine. Au moment de l'éclatement de la Yougoslavie, elle proclame son indépendance le 15 septembre 1991. La Grèce conteste la dénomination de Macédoine, donné à une partie du territoire grec. L'admission de cet État n'intervient que le 8 avril 1993 sous le titre d'ex-république yougoslave de Macédoine (FYROM, pour le sigle de la version anglaise), dénomination provisoire « en attendant que soit réglée la divergence qui a surgi au sujet du nom de cet État ». Pour des raisons voisines, la Grèce contestant l'emploi d'un symbole, le drapeau macédonien ne peut être hissé aux Nations unies que le 21 octobre 1995 après que les deux pays se soient reconnus le 13 septembre 1995.

§2 – LA SORTIE DE L'ORGANISATION

Une sortie peut être volontaire, sous la forme d'un retrait. Elle peut être involontaire, en cas d'exclusion.

A. Le retrait

La Charte ne le prévoit pas expressément, à la différence du Pacte de la SDN, précisément pour éviter l'effet en quelque sorte pédagogique d'une telle disposition, puisque nombre de membres se sont retirés de l'ancêtre des Nations unies. Il est évident cependant que si un État voulait se retirer, nul ne pourrait l'en empêcher. C'est pourquoi, une déclaration interprétative adoptée à la Conférence de San Francisco en a admis la possibilité.

Il n'y a eu qu'une tentative en ce sens. L'Indonésie, à la suite de la désignation de la Malaisie comme membre du Conseil de sécurité en 1965, notifie son retrait qui prend effet le 1er mars

ou d'État continuateur de la RSFY va soulever des difficultés importantes. Pour un bilan, voir : de Frouville Olivier, « Une harmonie dissonante de la justice internationale : les arrêts de la Cour internationale de justice sur les exceptions préliminaires dans l'affaire relative à la licéité de l'emploi de la force », *AFDI*, 2004, p. 337.

1965. Après le renversement du président Sukarno, elle reprend sa place aux Nations unies le 28 septembre 1966, sans nouvelle procédure d'admission.

L'ONU n'a donc enregistré aucun retrait, ce qui est très positif et signifie que quelles que soient les critiques formulées à l'égard de ses insuffisances, elle apparaît comme une organisation nécessaire.

B. L'exclusion

Elle est prévue à l'article 6 de la Charte pour le cas où un membre « enfreint de manière persistante les principes énoncés dans la présente Charte, il peut être exclu de l'Organisation par l'Assemblée générale sur recommandation du Conseil de sécurité », autrement dit selon une procédure symétrique de l'admission.

Il est arrivé qu'un État viole durablement les obligations découlant de la Charte: Afrique du Sud à l'époque de l'apartheid, Israël avec l'occupation de divers territoires consécutive à des recours à la force. Des menaces d'exclusion ont été brandies mais jamais mises en œuvre. À l'égard d'Israël, un projet de résolution sur ce point se serait heurté à un veto des États-Unis au CS et en toute hypothèse, dans tous les cas, il semble préférable de conserver à un État sa qualité de membre, ce qui permet de faire peser sur lui les obligations liées à cette qualité, même s'il ne s'y conforme pas.

Il convient de ne pas confondre une exclusion éventuelle avec une possible suspension. La Charte prévoit deux hypothèses de suspension. L'article 5 stipule qu'un membre contre lequel une action préventive ou coercitive a été entreprise par le CS peut être suspendu par l'AG sur recommandation du Conseil de l'exercice de ses droits et privilèges, ce dernier pouvant être rétabli par le CS. Cette possibilité n'a pas été utilisée.

L'article 19 énonce qu'un membre voit son droit de vote à l'AG suspendu en cas de retard dans le paiement de sa contribution lorsque « le montant de ses arriérés est égal ou supérieur à la contribution due par lui pour les deux années complètes écoulées » ; cette disposition s'est appliquée en 1968 à Haïti et à la République dominicaine. L'Assemblée peut cependant autoriser un État à participer au vote « si elle constate que le manquement est dû à des circonstances indépendantes de sa volonté ». Il est assez fréquent que des États accusent un retard les rendant passibles de la suspension de vote : par exemple, fin janvier 1997, ils sont 41 mais soit ils effectuent des versements leur permettant de franchir le seuil fatidique, soit l'AG les exonère en raison des circonstances : ainsi la résolution A/60/237 du 23 décembre 2005 évite l'application de l'article 19 à 9 États.

L'ONU est donc proche de l'universalité : elle correspond bien au caractère d'organisation à vocation universelle conféré par ses initiateurs. Sa capacité à remplir sa mission dépend des moyens conférés à ses organes.

Section III
La structure de l'ONU

Cette structure n'est pas très complexe dans le texte de la Charte. L'article 7.1 stipule que l'Organisation est dotée d'organes « principaux », au nombre de six : l'Assemblée générale, le Conseil de sécurité, le Conseil économique et social, le Conseil de tutelle, la Cour internationale de justice, le Secrétariat. Ces organes peuvent à leur tour créer les organes subsidiaires « qui se révéleraient nécessaires » (7.2). Ces derniers se sont multipliés et ce sont eux qui peuvent donner une impression de relative complexité.

Dans le cadre du présent ouvrage est privilégiée l'étude des deux organes les plus importants, le Conseil de sécurité et l'Assemblée générale, les autres faisant l'objet d'un examen plus rapide.

§1 – Le Conseil de sécurité

Il est envisagé en premier car aux termes de l'article 24 de la Charte, il se voit conférer « la responsabilité principale du maintien de la paix et de la sécurité internationales », autrement dit, la mission-clé de l'ONU.

A. La composition du Conseil de sécurité

Elle est déterminée par l'article 23 de la Charte. Au départ le CS compte onze membres, cinq membres permanents et six membres non permanents ; alors que les membres permanents ne varient pas, les non permanents sont portés à dix par un amendement à la Charte du 17 décembre 1963 entré en vigueur le 31 août 1965, pour tenir compte de l'augmentation des membres de l'Organisation liée à la décolonisation.

Les cinq membres permanents sont les vainqueurs de la deuxième guerre mondiale : Chine, États-Unis, France, Royaume-Uni, URSS. Ils ne sont plus tout à fait identiques aujourd'hui à ce qu'ils étaient en 1945 : l'URSS éclate en décembre 1991. Réunis à Alma Ata (Kazakhstan) le 21 décembre 1991 les représentants de onze États issus de l'Union soviétique acceptent que la Fédération de Russie soit le continuateur de l'URSS comme membre permanent du CS. La Russie adresse à l'ONU le 24 décembre 1991 une lettre selon laquelle : « La Fédération de Russie continue d'assumer pleinement les obligations de l'URSS au titre de la Charte des Nations unies, y compris les obligations financières. » Aucune décision ou déclaration n'est adoptée à ce sujet et aucun État n'émet de protestation ni de reconnaissance de la situation ; il y a eu une acceptation tacite de la lettre russe. La Russie siège donc à la place de l'URSS.

Les membres non permanents sont (article 23) élus pour deux ans par l'Assemblée générale à la majorité des deux tiers, la question étant qualifiée d'importante par l'article 18.2. Ils ne sont pas immédiatement rééligibles. Ils sont renouvelés par moitié chaque année et l'AG doit tenir compte dans leur désignation de la contribution des membres au maintien de la paix et aussi d'une répartition géographique équitable.

La composition du Conseil de sécurité est contestée pour diverses raisons. La situation internationale a évolué depuis 1945 et la qualité de vainqueur de la deuxième guerre mondiale n'a plus d'importance dans l'actualité contemporaine. Si l'on considère que le CS est l'organe du maintien de la paix et qu'il doit disposer d'un poids significatif, sans doute conviendrait-il de remettre en cause la nature des membres permanents et faire place à d'autres États. En terme de poids économique, le Japon et l'Allemagne sont depuis longtemps supérieurs à la France et à la Grande-Bretagne. La Russie est aujourd'hui fort loin du compte alors que la Chine, certes membre permanent, partie de loin, est la quatrième puissance économique par l'importance de son PIB.

D'un autre côté, le CS apparaît de moins en moins représentatif. En toute hypothèse, il n'a pas été conçu pour être un organe démocratique mais un organe efficace. Cela explique son caractère restreint faisant une large place aux États considérés comme influents ; c'est une sorte de directoire international. Au lendemain de la deuxième guerre mondiale, il est paré d'une certaine légitimité, celle des vainqueurs et de ceux qui ont combattu à leurs côtés et par rapport au nombre de membres originaires de l'Organisation, il ne semble pas excessivement étriqué. Cinquante ans et plus après, il en va autrement. Le nombre de membres de l'ONU a presque quadruplé. Le CS est trop peu nombreux et cela ne lui permet pas de s'ouvrir suffisamment à des puissances montantes comme l'Inde ou le Brésil et au monde moins développé en général. Ce défaut de représentativité pourrait finir par nuire à son efficacité en accentuant un déficit de légitimité qui en viendrait à porter atteinte à sa crédibilité.

Pendant longtemps, si la question de la composition du CS et celle du droit de veto est posée par les non-alignés, la réforme du CS apparaît impossible tant le système Est-Ouest fige la prise de décision. Avec l'éclatement du bloc soviétique, la problématique de la révision de la composition du CS, puis de son fonctionnement à travers l'organisation du droit de veto, est ouvertement portée sur la place publique. Dès 1992, le Japon fait connaître son souhait de devenir membre permanent, suivi peu après par l'Allemagne. L'AG adopte une première résolution sur la question le 11 décembre 1992 (A/47/62) et elle crée un groupe de travail à composition non limitée sur le sujet en 1993. L'objectif est d'aboutir à une réforme pour le cinquantième anniversaire des Nations unies en 1995. Il n'est pas atteint. Après l'échec d'autres tentatives, le débat est relancé en septembre 2003 par la création, par le Secrétaire général, d'un groupe de personnalités de haut niveau sur les menaces, les défis et le changement, de seize personnes. Ce groupe rend le 1er décembre 2004 au Secrétaire général son rapport intitulé « Un monde plus sûr : notre affaire à tous » (document A/59/565) qui propose dans ses § 249 à 260 une réforme ambitieuse du Conseil de sécurité élargissant à 24 le nombre de ses membres avec création de nouveaux sièges permanents ou de sièges avec mandat renouvelable, à répartir entre les continents de manière à « démocratiser et responsabiliser le Conseil », sans élargir le droit de veto. Dans son rapport intitulé « Dans une liberté plus grande » présenté le 21 mars 2005 dans la perspective du sommet du soixantième anniversaire de l'ONU qui doit se tenir en septembre 2005 pour adopter des mesures de mise en œuvre des objectifs du Millénaire élaborés en septembre 2000, le Secrétaire général souhaite que les États prennent en compte les propositions formulées pour la réforme du CS par le Groupe de personnalités. Durant le printemps et l'été 2005, des tentatives ont été faites par divers groupes d'États, groupe des quatre, groupe « Unis pour le consensus », pour préparer un élargissement du Conseil, mais aucun accord n'a été dégagé pour le sommet mondial des 14 et 16 septembre 2005 et le document final (A/60/L.1) ne peut que souhaiter « que le Conseil de sécurité soit réformé sans tarder » (§ 153).

B. Le fonctionnement du Conseil de sécurité

Le CS ne fonctionne pas en permanence mais il doit pouvoir être réuni à tout moment : les questions de paix et de sécurité ignorent les fins de semaine et les vacances. C'est pourquoi les États qui en sont membres doivent avoir des représentants permanents au siège (article 28).

Le Conseil peut se tenir à un niveau plus élevé que celui des représentants permanents qui sont des diplomates. Pour la première fois, il s'est réuni en sommet (chefs d'État ou de gouvernement) le 31 janvier 1992, lorsque la Russie a remplacé l'URSS. Deux autres sommets se sont tenus ensuite : le 7 septembre 2000 en même temps que le sommet du Millénaire de l'Assemblée générale et le 14 septembre 2005 pour le soixantième anniversaire de l'Organisation parallèlement au sommet mondial de 2005 de l'AG. Le CS se réunit aussi éventuellement au niveau des ministres des Affaires étrangères, par exemple le 25 septembre 1997 à propos de la résolution des crises en Afrique ou le 20 janvier 2003, à la demande de la France, sur la lutte antiterroriste.

La **procédure de vote** est décrite à l'article 27. Chacun des quinze membres dispose d'une voix. Le décompte des voix nécessaires à l'adoption d'une résolution varie en fonction de la nature de la question traitée.

Pour les **questions de procédure**, le vote est acquis à la majorité de neuf voix sur les quinze, quels que soient les membres votant favorablement. Nul ne détient alors de droit de veto. La notion de question de procédure n'est pas définie par la Charte. En 1945, une déclaration adoptée par les cinq *Grands* en donne une liste indicative : convocation du CS, ordre du jour, représentation des États membres. Ce texte, à la valeur juridique incertaine, a été appliqué. Dans le doute quant au point de savoir si une question est de procédure ou pas, la détermination est considérée comme une question autre, sujette à veto.

Pour les **autres questions**, celles qui ne sont pas de procédure, la majorité requise pour l'adoption d'une résolution est également de neuf voix sur quinze, mais parmi les neuf doivent figurer les votes des cinq membres permanents. Si l'un d'entre eux ne vote pas pour la résolution, celle-ci n'est pas adoptée, même si elle obtient quatorze voix favorables : c'est cette procédure qui institue le droit de veto, l'expression ne figurant pas dans la Charte. Les membres permanents peuvent ainsi empêcher l'adoption des résolutions dont ils ne veulent pas ; il existe cependant une exception prévue à l'article 27.3 : un État partie à un différend, membre permanent ou pas, s'abstient de voter pour les décisions prises dans le cadre du règlement pacifique des différends (chapitre VI) mais la majorité de neuf voix est toujours requise. Tel est le mécanisme établi initialement ; il ne laisse à chaque membre permanent que la possibilité de voter pour un texte ou d'empêcher son adoption. Très rapidement, les membres permanents se rendent compte que ce système est trop rigide : il leur interdit l'**abstention**. Aussi acceptent-ils, dans des prises de positions séparées, formulées dès le début de fonctionnement de l'ONU, de ne pas assimiler abstention volontaire et vote négatif, estimant que chacun d'entre eux peut faire savoir qu'il n'entend pas, en s'abstenant, s'opposer à l'adoption d'une résolution. La pratique s'est établie en ce sens et a acquis un caractère coutumier souligné par la CIJ dans son avis sur les conséquences juridiques pour les États de la présence continue de l'Afrique du Sud en Namibie rendu le 21 juin 1971 : « Les débats qui se déroulent au Conseil de sécurité depuis de longues années prouvent abondamment que la pratique de l'abstention volontaire d'un membre permanent a toujours et uniformément été interprétée, à en juger d'après les décisions de la présidence et les positions prises par les membres du Conseil, en particulier par les membres permanents, comme ne faisant pas obstacle à l'adoption des résolutions. L'abstention d'un membre permanent du Conseil ne signifie pas qu'il s'oppose à l'approbation de ce qui est proposé ; pour empêcher l'adoption d'une résolution exigeant l'unanimité des membres permanents, un membre permanent doit émettre un vote négatif. La procédure suivie par le Conseil de sécurité, qui est demeurée inchangée après l'amendement apporté à l'article 27 de la Charte en 1965, a été généralement acceptée par les membres des Nations unies et constitue la preuve d'une pratique générale de l'Organisation » (§22). C'est là un des rares exemples de coutume modifiant un traité.

L'**absence** d'un membre permanent a été assimilée à une abstention à l'occasion de la guerre de Corée. Alors que l'URSS est absente du Conseil de sécurité depuis le 13 janvier 1950 pour protester contre la non-représentation de la Chine communiste, le 25 juin 1950 les troupes nord-coréennes franchissent le 38e parallèle les séparant de la Corée du Sud. Le CS adopte alors plusieurs résolutions (82 du 25 juin, 83 le 27 juin et 84 le 7 juillet autorisant l'action coercitive du commandement unifié des Nations unies par la Corée), les membres présents assimilant l'absence de l'URSS à une abstention (*cf.* p. 196). L'URSS contestera la valeur des décisions prises, estimant que l'absence est différente de l'abstention, mais ne revient siéger que le 1er août. L'opération peut continuer sur la base des résolutions initiales, l'Union soviétique opposant son veto à toute autre résolution dans cette affaire.

Le veto paralyse largement le CS pendant que dure le système des blocs. Entre 1945 et 1985, année d'arrivée de M. Gorbatchev au pouvoir, le veto est opposé à 200 reprises dont 116 fois par l'URSS, 42 par les États-Unis, 23 par le Royaume-Uni, 15 par la France, 4 par la Chine. De 1986 à fin 1990, on compte 32 veto, dont 22 d'origine américaine, 7 britanniques et 3 français. Entre 1991 et fin 2005, on dénombre 16 veto, 11 américains, 2 chinois et 3 russes. Les États-Unis se servent du veto pour empêcher l'adoption de résolutions condamnant Israël. De 1945 à 2005, il y a donc eu 119 veto soviéto-russes et 75 américains. L'usage fréquent du veto est certes à déplorer mais sans cette possibilité de préserver leurs intérêts, les grandes puissances se seraient probablement détournées des Nations unies comme leurs prédécesseurs (elles-mêmes parfois) l'avaient fait à l'égard de la SDN. Il est vrai aussi qu'en dépit de son droit de veto, l'hyper puissance méprise souvent l'organisation.

L'usage du veto n'est pas le seul aspect négatif du fonctionnement du Conseil de sécurité. Il lui est reproché également le manque de transparence de la prise de décision. Celle-ci se fait souvent sur la base de tractations entre les cinq membres permanents, les P5, qui font en sorte de les faire avaliser par un nombre suffisant de membres non permanents, de sorte que le débat au CS est parfois fort réduit. Aussi, le document final du sommet mondial de 2005, précité, prévoit-il qu'il convient de réformer le Conseil, non seulement pour le rendre plus représentatif, mais encore, « plus performant et plus transparent » (§ 153) et il recommande que cet organe « continue à adapter ses méthodes de travail de façon à ce que les États qui n'en sont pas membres participent davantage, le cas échéant, à ses travaux, à ce qu'il réponde mieux de son action devant l'ensemble des États membres et à ce qu'il fonctionne dans une plus grande transparence » (§ 154), pointant ainsi clairement les insuffisances.

Cependant, si le Conseil de sécurité est affecté de graves défauts, l'article 25 de la Charte lui donne le pouvoir de prendre des décisions obligatoires pour les États membres : « Les membres de l'Organisation conviennent d'accepter et d'appliquer les décisions du Conseil de sécurité conformément à la présente Charte. » Toutes les résolutions n'ont pas le caractère de décision exécutoire ; celui-ci dépend du domaine d'intervention du texte et aussi de la volonté du Conseil de recourir ou non à son pouvoir de décision, ce que révèle la terminologie employée : *décide* ou *invite* n'ont pas la même portée. Le Conseil a par ailleurs pris l'habitude d'adopter des *déclarations du président du Conseil de sécurité*, non soumises au vote, qui expriment la position du Conseil mais n'ont pas de caractère exécutoire.

C. Les attributions du Conseil de sécurité

Certaines attributions sont exercées conjointement avec l'Assemblée générale : pour l'admission ou l'exclusion des membres (*cf.* p. 176, 182), la nomination du Secrétaire général, l'élection des juges à la Cour internationale de justice, la décision est prise par l'AG sur recommandation du CS au sein duquel peut jouer le droit de veto dans les trois premières hypothèses.

Sinon, le Conseil exerce essentiellement des attributions relatives à la paix et à la sécurité internationales puisque la Charte lui confère la *responsabilité principale* dans ce domaine ; cependant la pratique s'est quelque peu éloignée de la lettre du texte.

1. La lettre de la Charte

Trois chapitres intéressent le maintien de la paix : les chapitres VI, VII et VIII.

a. Le chapitre VI

Il est intitulé « Règlement pacifique des différends ». Il est appelé à jouer lorsqu'il apparaît que la prolongation d'un différend ou d'une situation est « susceptible de menacer le maintien de la paix et de la sécurité internationales » (article 33). On parlera de différend lorsque les oppositions et prétentions des parties sont établies, de situation lorsque les ingrédients d'une crise sont présents sans que les griefs soient clairement articulés. À ce stade-là, le conflit n'est pas encore né du point de vue militaire, les armes n'ont pas encore été utilisées, mais il semble bien qu'elles pourraient l'être. Dans ce cas l'article 33 prévoit que les parties au différend doivent en rechercher la solution en recourant à l'un des modes de règlement pacifique des différends (*cf.* tome I, p. 27 et s.). En outre, n'importe quel membre de l'Organisation ou un État non-membre mais partie au différend peut « attirer l'attention du Conseil de sécurité ou de l'Assemblée générale » (article 35) sur ce cas, de même que le Secrétaire général, qui ne peut alerter que le seul CS car les rédacteurs de la Charte ne veulent pas lui créer le dilemme d'avoir à choisir entre l'AG et le CS (article 99). La saisine est ainsi largement ouverte, y compris à un État non-membre ; cela correspond à la volonté de créer une organisation chargée de la sécurité collective entendue au sens le plus large.

Si l'AG est saisie, s'appliquent les articles 11 et 12. Il en ressort que l'Assemblée peut « discuter » de toute question de ce type et faire à ce propos des « recommandations » ; mais elle ne peut faire aucune recommandation « tant que le Conseil de sécurité remplit, à l'égard d'un différend ou d'une situation quelconque, les fonctions qui lui sont attribuées » (article 12) et « toute question de ce genre qui appelle une action » (sous-entendue *coercitive* selon l'interprétation retenue par la suite) doit être renvoyée au CS (article 11, § 2 *in fine)*. La Charte donne ainsi un rôle subsidiaire à l'AG en matière de maintien de la paix. Dans la mesure où l'article 11 § 1 stipule qu'elle « peut étudier les principes généraux de coopération pour le maintien de la paix et de la sécurité internationales, y compris les principes généraux régissant le désarmement et la réglementation des armements », on comprend que l'Assemblée est conçue surtout comme un organe de réflexion sur les questions de paix alors que le CS est l'organe d'action.

Quand il est saisi au titre du chapitre VI, le Conseil ne se voit guère conférer de pouvoirs de décision : il peut inviter les parties à régler le différend (article 33), faire des recommandations sur les méthodes appropriées (article 36) voire sur les termes d'un règlement, comme un médiateur (article 37). Cependant, il a aussi la possibilité d'enquêter pour « déterminer si la prolongation de ce différend ou de cette situation semble devoir menacer la paix » (article 34), ce qui, en cas de réponse affirmative, pourra déboucher sur une mise en œuvre du chapitre VII, celui de l'action *musclée* ; ce pouvoir de déclencher une enquête est donc très important.

b. Le chapitre VII

Son titre : « Action en cas de menace pour la paix, de rupture de la paix et d'acte d'agression » indique qu'un pas est franchi dans la gravité de la crise, comme dans la réaction de l'Organisation, appelée à agir.

Le *sésame* ouvrant au CS la porte du pouvoir de décision est constitué par l'article 39. Celui-ci suppose que le Conseil fasse d'abord le constat de « l'existence d'une menace contre la paix, d'une rupture de paix ou d'un acte d'agression » ; dès lors il a le choix entre faire des recommandations ou *décider* des mesures à prendre pour rétablir la paix. Le Conseil peut ainsi prendre des décisions exécutoires, contraignantes pour les destinataires. L'existence d'un pouvoir de décision du CS est encore mentionnée aux articles 48 et 49 contenus dans le chapitre VII. En dehors de ce chapitre, l'article 25 précise que : « Les membres de l'organisation conviennent d'accepter et d'appliquer les décisions du Conseil de sécurité conformément à la présente Charte. » Dans son avis consultatif de 1971 relatif à la Namibie, la CIJ, au paragraphe 113, donne un sens très large à cette disposition estimant que : « L'article 25 ne se limite pas aux décisions concernant les mesures coercitives [des articles 41 et 42] mais s'applique aux *décisions du Conseil de sécurité* adoptées conformément à la Charte », ce qui revient à reconnaître au CS un pouvoir de décision en dehors du chapitre VII. Cette position a fait l'objet de critiques ; en toute hypothèse, un avis de la CIJ n'a pas de valeur obligatoire et il est difficilement envisageable que le Conseil puisse *décider* dans un domaine sans rapport avec le maintien de la paix.

Les notions clés de l'article 39 ne sont pas définies dans la Charte, en particulier celle d'agression qui a longtemps semblé devoir être la plus utile. L'Assemblée générale a élaboré, non sans mal, une définition de l'agression dans la résolution 3314 du 14 décembre 1974 ; celle-ci n'a que valeur de recommandation et ne s'impose pas au CS. En toute hypothèse, ce dernier qualifie rarement une situation d'agression car il sera difficile par la suite de discuter avec un État dont l'action aura été ainsi qualifiée ; or le retour à la paix passera nécessairement par des négociations avec le fauteur de trouble. C'est pourquoi le *sésame* le plus souvent utilisé est celui de menace pour la paix.

Une fois l'une de ces qualifications attribuée à une situation, le Conseil a le choix entre plusieurs procédés. L'article 40 lui permet d'édicter des « mesures provisoires » de type conservatoire puisqu'elles « ne préjugent en rien les droits, les prétentions ou la position des parties intéressées » : par exemple une trêve, un cessez-le-feu. Les articles 41 et 42 visent les mesures coercitives, avec ou sans emploi de la force armée. L'article 41 permet au Conseil de décider de *mesures* telles que des embargos ou la rupture des relations diplomatiques ; la liste n'est pas exhaustive. Ces *mesures* ont vite reçu la qualification de *sanctions* qui leur donne un caractère pénal, répressif, alors que la Charte les considère plutôt comme des moyens de pression utilisés par le Conseil « pour donner effet à ses décisions », bref pour permettre l'*exécution forcée*, pour reprendre la terminologie du droit administratif français, de ses décisions relatives à la cessation du conflit.

Si ces mesures semblent inadéquates ou s'avèrent telles, l'article 42 permet au Conseil de décider de l'emploi de la force armée pour amener le violateur à composition et il ajoute : « Cette action peut comprendre des démonstrations, des mesures de blocus et d'autres opérations exécutées par des forces aériennes, navales ou terrestres de membres des Nations unies. » En effet, l'ONU ne dispose pas en propre de forces armées et le système retenu par la Charte dans son article 43 repose sur la mise à la disposition du CS, par les membres de l'Organisation, de forces armées sur la base d'accords spéciaux : c'est celui que la France avait proposé pour la SDN et qui n'avait pas été retenu. Il semble que les articles 42 et 43 sont liés : la mise en œuvre de l'article 42 suppose l'existence de forces sur la base de l'article 43. Pour préparer des plans d'emploi de la force armée et organiser leur mise en œuvre, un Comité d'état-major composé des chefs d'état-major des membres permanents du CS est prévu (articles 46 et 47). Le chapitre VII donne donc au CS des moyens aussi bien juridiques qu'opérationnels pour maintenir la paix, tout en réservant le « droit naturel de légitime défense, individuelle ou collective » des membres « jusqu'à ce que le Conseil de sécurité ait pris les mesures nécessaires pour maintenir la paix et la sécurité internationales » (article 51) (*cf.* p. 99, 100).

c. Le chapitre VIII

Il intéresse les accords et organismes régionaux et organise une possibilité de décentralisation du maintien de la paix pourvu que « ces accords ou organismes régionaux et leur activité soient compatibles avec les buts et les principes des Nations unies » (article 52). Le CS peut utiliser ces entités « pour l'application des mesures coercitives prises sous son autorité » aux termes de l'article 53 qui ajoute : « Toutefois, aucune action coercitive ne sera entreprise en vertu d'accords régionaux ou par des organismes régionaux sans l'autorisation du Conseil de sécurité. » Il résulte donc très clairement de la Charte que, sauf cas de légitime défense, le Conseil de sécurité dispose du monopole de la coercition opérationnelle contre un fauteur de trouble, à l'exclusion de tout État ou organisation (*cf.* p. 174).

Le système de sécurité collective établi par la Charte paraît cohérent et plus réaliste que celui de la SDN. Il ne va pas pouvoir s'appliquer du fait de la situation internationale prévalant après la deuxième guerre mondiale.

2. La pratique

Le climat de guerre froide qui s'installe au moment où l'ONU commence à fonctionner empêche rapidement la mise en place puis l'utilisation des mécanismes de sécurité collective. La négociation des accords militaires qui doivent permettre au CS de disposer de forces armées sur lesquelles il exercerait un droit de tirage n'aboutit pas à cause des divergences Est/Ouest ; jamais aucune force armée ne sera mise en permanence à la disposition de l'ONU. Très vite le veto paralyse le Conseil de sécurité et plus particulièrement le recours au chapitre VII, l'agresseur de l'un étant l'ami de l'autre. Le maintien de la paix va cependant s'adapter à cette situation et connaître une sorte de phase classique non prévue initialement mais non franchement contraire à la Charte, texte suffisamment souple. Puis vers la fin du système des blocs s'ouvre une phase d'activisme dès l'arrivée de M. Gorbatchev au pouvoir.

a. La pratique jusqu'en 1987 : la phase classique

Trois traits caractérisent alors le maintien de la paix.

Les mesures, *sanctions*, de l'article 41 sont rarement utilisées ; deux systèmes de sanctions seulement sont décidés au titre du chapitre VII car ils visent à exercer des pressions sur deux régimes ralliant toutes les catégories d'États contre eux : ceux de la Rhodésie du Sud et de l'Afrique du Sud qui érigent en système la ségrégation raciale. Un embargo portant notamment sur les produits pétroliers est décidé contre la Rhodésie du Sud en 1966 ; renforcé à plusieurs reprises, il est levé en 1979 avec la fin du régime en place qui permet au pays d'accéder à l'indépendance sous le nom de Zimbabwe. À l'encontre de l'Afrique du Sud, un embargo sur la livraison d'armes est décidé en 1977 et supprimé en 1994 lorsque sont organisées les premières élections démocratiques selon la règle *un homme, une voix* en 1994.

Une seule opération militaire coercitive est établie, sur la base d'une recommandation et non d'une décision, dans l'affaire de Corée (*cf.* tome I, p. 58). Le Conseil de sécurité n'est pas paralysé par le veto puisque l'URSS ne siège pas (*cf.* p. 188, 189). Le 25 juin 1950 la résolution 82 constate une rupture de paix (l'une des *clés* proposées par l'article 39) et demande aux États de prêter leur concours à l'ONU pour assurer l'exécution de la résolution qui prône la cessation des hostilités ; la résolution 83 du 27 juin recommande aux membres d'apporter à la république de Corée l'aide nécessaire pour *repousser* les assaillants : le recours à la coercition est autorisé et cela revient à approuver l'intervention américaine, déjà commencée et sollicitée par la Corée du Sud. Enfin le 7 juillet, la résolution 84 recommande que les membres mettent des forces « à la disposition d'un commandement unifié sous l'autorité des États-Unis » autorisé à conduire « les opérations *contre* les forces de la Corée du Nord » en utilisant le drapeau des Nations unies en même temps que les drapeaux des diverses nations participantes. Les résolutions utilisent le vocabulaire du chapitre VII mais le CS se contente d'utiliser son pouvoir de recommandation au lieu de la décision, bien qu'il s'agisse de mener une opération coercitive ; mais ce sont bien les pouvoirs juridiques conférés par la Charte qui sont mis en œuvre. En revanche, ce n'est pas le mécanisme opérationnel de la Charte qui fonctionne puisqu'il n'y a pas de forces armées à la disposition du CS : il est donc opéré une dissociation entre les articles 42 et 43. Aucune autre opération franchement coercitive n'est conduite par la suite au cours de cette première phase.

À la place du système prévu par la Charte est établi pragmatiquement celui des opérations de maintien de la paix. Le veto interdisant le recours au pouvoir de décision et à l'action coercitive du chapitre VII, se développent des opérations militaires sous le commandement des Nations unies de type consensuel et non coercitif; leur caractère consensuel est double: elles reposent sur le consentement de l'État hôte puisqu'on ne peut rien imposer et les forces armées sont fournies sur la base du volontariat par les États qui acceptent de participer; leur caractère non coercitif leur interdit de recourir à la force pour repousser des forces armées: elles pratiquent l'interposition entre des belligérants et ne peuvent utiliser leurs armes éventuelles qu'en situation de stricte légitime défense personnelle. Le Secrétaire général dira que les opérations de paix sont fondées sur le chapitre six et demi de la Charte, car elles ne recourent pas à la force et en même temps elles sont composées de militaires: elles sont intermédiaires entre les deux chapitres VI et VII. Selon la formule souvent employée, le soldat de la paix n'a pas d'ennemis; il ne connaît que des forces à séparer ou surveiller. Il existe en effet deux catégories d'opérations de paix: les groupes d'observateurs et les forces de maintien de la paix (FMP). Les observateurs sont des officiers, peu nombreux, armés de leurs seules jumelles pour patrouiller et observer des retraits de forces, le respect de cessez-le-feu notamment. Les forces de maintien de la paix sont formées de troupes armées qui tiennent des zones tampon, des lignes de séparation de forces; c'est davantage leur nombre que leur armement qui dissuadera même si une certaine possibilité d'utiliser leurs armes est reconnue dans un cas difficile comme celui de l'opération au Congo (ONUC) entre 1960 et 1964. À partir de 1956, l'habitude sera prise de faire porter un casque bleu aux membres des forces et des bérets bleus aux observateurs, d'où les expressions de casques bleus et bérets bleus. Les premiers groupes d'observateurs sont créés en 1948 et ils subsistent toujours: l'ONUST au Proche-Orient

(Organisme des Nations unies chargé d'observer la trêve en Palestine) et l'UNMOGIP (Groupe d'observateurs des Nations unies dans l'Inde et le Pakistan) (Cachemire) et seront suivis de quatre autres. À côté des six groupes d'observateurs sont créées sept forces de maintien de la paix, la première en 1956 étant la FUNU I entre Israël et l'Égypte au moment de l'affaire de Suez (*cf.* tome I, p. 59), établie par l'AG (*cf.* p. 208, 209) et retirée en 1967 avant la guerre des six jours à la demande de l'Égypte sur le territoire de laquelle elle était stationnée. La dernière FMP de cette période est créée par le CS pour le Liban en 1978 et elle est toujours en place : la FINUL (Force intérimaire des Nations unies au Liban).

b. La pratique depuis 1987

Dès l'arrivée de M. Gorbatchev au pouvoir en URSS en 1985, le ton des relations Est-Ouest change, en particulier aux Nations unies. Aucune opération de paix n'avait donc été établie par l'Organisation après 1978 du fait de la mésentente entre les membres permanents du CS. Le renouveau se fait sentir en 1987 avec l'adoption d'une résolution fondée sur le chapitre VII pour exiger un cessez-le-feu entre l'Irak et l'Iran qu'une guerre oppose depuis 1980 et en 1988, trois nouveaux groupes d'observateurs sont créés (entre Irak et Iran, en Angola et en Afghanistan).

À partir de cette période, l'usage du veto se fait modéré (*cf.* p. 189) et il ne paralyse plus le CS. D'un autre côté apparaissent de nombreux conflits et crises à gérer. Les conflits interétatiques se font rares sans disparaître : par exemple il y a une guerre entre l'Érythrée et l'Éthiopie entre 1998 et 2000. La plupart des conflits sont de type intercommunautaire ce qui les rend difficiles à gérer. La conception de la menace pour la paix internationale comme celle de la sécurité s'élargit. La sécurité n'est plus seulement envisagée dans le cadre des rapports entre les États ; de plus en plus est prise en considération la *sécurité humaine*, celle de la personne humaine. La paix n'est plus seulement entendue au sens d'absence de guerre ; des menaces non militaires comme des violations graves du droit humanitaire sont considérées comme des menaces pour la paix au même titre que les menaces asymétriques que constituent les actes de terrorisme international. Les activités de soutien de la paix se démultiplient, se diversifient et suscitent toute une réflexion.

La réflexion se fait au sein d'un comité de l'Assemblée générale, le Comité spécial des opérations de maintien de la paix, qui publie chaque année un rapport constituant une des meilleures sources d'information sur la question. Plusieurs rapports et études ont en outre fait évoluer la matière : l'Agenda pour la paix (doc A/47/277 et S/24111, juin 1992) et le supplément à l'Agenda pour la paix (janvier 1995) rédigés par le Secrétaire général Boutros Boutros-Ghali, le rapport du Groupe d'étude sur les opérations de paix de l'ONU, dit rapport Brahimi (doc A/55/305 et S/2000/809, août 2000), le rapport du Groupe de personnalités de haut niveau sur les menaces, les défis et le changement : « Un monde plus sûr, notre affaire à tous » (doc A/59/565, décembre 2004). Sur la base des propositions de ce dernier document est créée à la suite du sommet mondial de 2005 la Commission de la consolidation de la paix, organe consultatif intergouvernemental, sous la forme assez inhabituelle d'un organe subsidiaire de l'Assemblée générale et du Conseil de sécurité (résolutions A/60/180 et S/1645, 20 décembre 2005) ; la Commission doit faire un rapport annuel à l'Assemblée. Le CS lui-même adopte, surtout depuis 1992, des résolutions et déclarations de portée générale et impersonnelle mais non contraignantes, véhicules de sa propre réflexion sur les divers aspects du maintien de la paix : personnes vulnérables, sida, prévention des conflits, consolidation de la paix, terrorisme par exemple.

Entre 1990 (Irak) et mars 2005 (Darfour) ont été adoptés 19 systèmes de mesures non militaires de l'article 41, de plus en plus sous la forme de *sanctions intelligentes*, c'est-à-dire qu'elles visent les dirigeants et responsables (interdiction de leurs déplacements, gel de leurs avoirs bancaires à l'étranger) de manière à ne pas pénaliser la population.

Entre 1988 et février 2006, le Conseil de sécurité a créé 47 opérations de maintien de la paix de l'ONU (casques bleus), la dernière l'ayant été en février 2005 pour le Sud Soudan. Au 1er décembre 2005 sont déployées 16 missions de paix, dont 8 en Afrique, comptant 70 015 militaires et policiers provenant de 107 pays ainsi que 4 582 membres de personnel civil. Cependant le 31 décembre 2005 prend fin la mission au Sierra Leone (environ 1 040 militaires et policiers au moment du retrait).

Dans la même période ont été autorisées par le CS 17 forces multinationales[17] placées sous le commandement d'un État ou d'une organisation régionale (CEDEAO, OTAN, UE). En outre certaines forces de paix, non habilitées en principe à recourir à la force, ont été créées par des organisations régionales (OTAN, CEI, CEDEAO, UA).

Les mandats de ces opérations sont très diversifiés. Ils sont parfois classiques, d'interposition : ils correspondent aux opérations dites aujourd'hui de première génération. Parallèlement ont surgi les opérations de deuxième génération, au mandat multidimensionnel, chargées non seulement de maintenir la paix mais aussi de superviser des élections, de veiller à la distribution de l'aide humanitaire, au déminage, à la formation de forces de police caractéristiques de l'État de droit, etc. Il arrive qu'une opération doive aider à la création d'un État nouveau, comme au Timor Oriental (État actuel du Timor Leste) ou administrer un territoire en attendant que son statut soit établi (la MINUK, Mission des Nations unies au Kosovo, depuis 1999).

La base juridique de création est parfois le chapitre VI (opération consensuelle classique). C'est de plus en plus souvent le chapitre VII, ce qui permet de se passer éventuellement du consentement de l'État de stationnement. Il arrive que le

17. L'une de ces forces, autorisée en 1996 pour l'est du Zaïre (appelé république démocratique du Congo à partir du 17 mai 1997), n'a pas été déployée.

chapitre VII ne concerne qu'une partie du mandat. Les pouvoirs reconnus aux militaires sont également variables : parfois, ils ne peuvent utiliser leurs armes qu'en situation de stricte légitime défense ; parfois ils le peuvent sur la base d'une notion de légitime défense élargie. Souvent aussi, ils sont autorisés à « utiliser tous les moyens », c'est-à-dire à recourir à la force si nécessaire pour remplir leur mandat ; cela est de plus en plus souvent le cas des casques bleus, parfois pour certains aspects du mandat seulement ; c'est systématiquement le cas des forces multinationales. Les mandats sont donc de plus en plus ciselés : le CS s'efforce de les adapter à chaque réalité, conformément à l'une des nombreuses recommandations du rapport Brahimi.

Le CS s'aventure parfois dans des domaines inattendus. Ainsi, il a créé deux tribunaux pénaux internationaux pour juger les personnes auteurs de violations graves du droit humanitaire : le Tribunal pénal international pour l'ex-Yougoslavie (TPIY, résolution 827, mai 1993) et le Tribunal pénal international pour le Rwanda (TPIR, résolution 935, juillet 1994), ses résolutions tenant lieu d'accord international. Plus récemment, il s'est même érigé en véritable législateur international, adoptant des normes, des règles de caractère général et impersonnel non liées à un conflit déterminé. Il l'a fait à trois reprises dans les résolutions : 1373, 28 septembre 2001, relative à « La menace à la paix et à la sécurité internationales résultant d'actes terroristes », 1540, 28 avril 2004, sur la « Non-prolifération des armes de destruction massive » et 1566, 8 octobre 2004, « Menaces contre la paix et la sécurité internationales résultant d'actes terroristes » ; toutes ces résolutions intéressent la lutte contre le terrorisme et sont prises sur la base du chapitre VII.

Le CS n'est donc plus seulement un organe de l'action sécuritaire à chaud. Il est aussi un organe de réflexion et il lui arrive d'adopter des résolutions véritables succédanés de conventions internationales. Il est devenu très actif, presque hyperactif, en tout cas audacieux, peut-être trop, quand il se fait législateur sans avoir de légitimité, ni de base constitutionnelle évidente.

Cependant la menace du veto peut toujours le paralyser. D'autre part, il ne dispose toujours pas de forces armées sur lesquelles il pourrait, en fonction des besoins, exercer un droit de tirage. Un système de forces mises en attente des Nations unies, progressivement perfectionné, permet de pallier en partie les difficultés[18].

§2 – L'Assemblée générale

Rassemblant tous les membres et investie du pouvoir de « discuter toutes questions » (article 10) rentrant dans le cadre de la Charte, elle constitue le plus important forum international institutionnalisé. Elle joue ainsi un rôle de premier plan pour favoriser le développement des relations internationales et elle fournit au tiers-monde une tribune irremplaçable.

A. La composition de l'Assemblée générale

Tous les membres de l'ONU siègent à l'Assemblée : c'est l'organe plénier. Les États, en pratique leurs gouvernements, désignent des délégations de cinq représentants au plus, composées de diplomates agissant sur instruction. Une délégation peut être conduite par le chef de l'État ou de gouvernement ou le ministre des Affaires étrangères ; cela est fréquent à l'occasion du débat d'ouverture de la session annuelle de l'AG. Il arrive aussi qu'une réunion ait vocation à se tenir au sommet : par exemple le sommet du Millénaire en septembre 2000 ou le sommet du soixantième anniversaire en septembre 2005.

La composition de l'Assemblée est donc plutôt de type diplomatique mais elle acquiert certains caractères d'une assemblée parlementaire dans la mesure où les États se regroupent sur une base *géographico-politique* : groupe afro-asiatique dominé par les non-alignés, groupe latino-américain, groupe de l'Europe de l'Est correspondant dans le passé au noyau dur du bloc soviétique et

18. Josiane Tercinet, « Les capacités de réaction rapide de l'ONU », *Guide du maintien de la paix 2006*, sous la direction de Jocelyn Coulon, Montréal, Éd. Athéna, 2005, pp. 63-79.

aujourd'hui à l'Est géographique de l'Europe, groupe des États occidentaux. Parmi les États issus de l'Union soviétique, sept sont rattachées au groupe afro-asiatique, cinq à celui de l'Europe de l'Est et les trois Baltes à celui des États occidentaux.

L'AG n'est pas à proprement parler un organe démocratique car ce ne sont pas les peuples qui la constituent en élisant des représentants, mais elle a le mérite d'être représentative de la société des États ; grands ou petits, riches ou pauvres, ce sont 191 États qui siègent et peuvent s'exprimer en toute égalité, sous réserve des hypothèses de sièges vacants (*cf.* p. 179, 180).

B. Le fonctionnement de l'Assemblée générale

L'Assemblée tient une session annuelle ouverte le troisième mardi de septembre et se prolongeant toute l'année. Elle peut également être réunie en session extraordinaire sur un ordre du jour déterminé convoquée par le Secrétaire général à la demande de la majorité de ses membres ou du Conseil de sécurité. Elle siège à New York. Elle élit chaque année le président de la session.

Il existe en son sein des commissions de travail, passées de sept à six en 1993 (fusion de la commission de décolonisation et de la commission de politique spéciale). Chaque État envoie un délégué. Ces commissions n'adoptent pas de résolutions ; tout comme les commissions parlementaires françaises, elles permettent de démultiplier le travail de l'AG. Ce sont : la commission du désarmement et de la sécurité internationale (1°), la commission économique et financière (2°), la commission des questions sociales, humanitaires et culturelles (3°), la commission des questions politiques spéciales et de la décolonisation (4°), la commission des questions administratives et budgétaires (5°) et la commission des questions juridiques (6°).

L'article 18 de la Charte détermine la procédure de vote. Chaque membre dispose d'une voix. Les résolutions sur les questions qualifiées d'importantes sont adoptées à la majorité des deux tiers des membres présents et votants. Sur les autres questions la majorité simple suffit. L'article 18, § 2 donne une liste des questions considérées comme importantes : par exemple le maintien de la paix, les questions budgétaires, l'admission de nouveaux membres. En cas de doute sur le caractère d'une question, la détermination se fait à la majorité simple (§ 3), méthode utilisée pour trancher la question de la représentation de la Chine (*cf.* p. 178, 179).

C. Les attributions de l'Assemblée générale

En vertu de l'article 10 de la Charte, l'AG peut discuter et adopter des recommandations sur toute question rentrant dans le cadre de la Charte, ce qui est très vaste et en même temps ne lui confère pas un pouvoir de décision. Mais l'article 17 lui donne compétence pour approuver le budget et répartir la charge des dépenses entre les membres et il va de soi qu'il ne peut s'agir là que d'un pouvoir de décision, sinon les États pourraient ne pas s'acquitter de leurs obligations financières. D'autre part, l'article 18 emploie le terme de « décisions » sur les questions importantes ou non et pas celui de résolution (terme inutilisé dans la Charte) ou de recommandation. Il semble devoir être lu à la lumière des articles 10 et 17, les « décisions » relatives à l'accomplissement de la mission ayant valeur de recommandation, celles intéressant le fonctionnement ayant un caractère exécutoire, obligatoire. La question est d'autant moins aisée à trancher que la CIJ dans son avis sur la Namibie rendu en 1971 estime qu'il est inexact de supposer que parce que l'Assemblée possède en principe le pouvoir de faire des recommandations, elle est empêchée d'adopter, dans des cas déterminés relevant de sa compétence, des résolutions ayant le caractère de décision ou procédant d'une intention d'exécution, ce qui a plongé la doctrine dans un abîme de perplexité.

1. Les attributions intéressant le fonctionnement de l'Organisation

Dans toutes les hypothèses visées, l'AG prend des décisions, qu'il s'agisse d'attributions exercées conjointement avec le CS ou d'attributions exclusives.

a. Les attributions conjointes à l'AG et au CS

Ce sont bien entendues celles qui ont été envisagées au titre du CS : admission et exclusion des membres, élection des juges à la CIJ, nomination du Secrétaire général. S'y ajoute l'amendement ou la révision de la Charte (*cf.* p. 211) qui organise une forme de collaboration avec le CS ou ses membres.

b. Les attributions exclusives

Elles intéressent l'élection des membres non permanents du CS (*cf.* p. 184), l'élection des cinquante-quatre membres du Conseil économique et social, certains membres du Conseil de tutelle (article 86) ainsi que l'approbation des accords de tutelle (article 85), deux fonctions théoriques aujourd'hui puisqu'il n'y a plus de territoire sous la tutelle des Nations unies depuis 1970 pour la tutelle ordinaire sous contrôle du Conseil de tutelle[19].

L'Assemblée vote le budget tous les deux ans, puisqu'il est biennal. Le budget pour 2006-2007 adopté le 23 décembre 2005 se monte à 3, 8 milliards de dollars, soit 3, 2 milliards d'euros. Ce budget est alimenté par les contributions des États et il correspond aux dépenses ordinaires, celles intéressant le fonctionnement général de l'Organisation. Il existe aussi des dépenses dites extraordinaires : ce sont celles relatives au maintien de la paix. Elles ne peuvent pas être prévues avec certitude, car il est impossible de déterminer à l'avance s'il sera nécessaire d'établir une opération de paix. Chaque opération est dotée d'un budget propre mais il y a eu depuis 1995 un effort de rationalisation des cycles budgétaires des opérations de paix. Pour la période du 1er juillet 2005 au 30 juin 2006, le coût des opérations est évalué à environ 5,03 milliards de dollars, cependant qu'au 30 novembre 2005, les contributions non acquittées au titre du maintien de la paix se montent à 1,9 milliard de dollars car nombre d'États ne

19. Il existait aussi des tutelles correspondant à des zones stratégiques placées sous le contrôle du Conseil de sécurité (articles 83 et 85 de la Charte). Elles ont pris fin en 1994.

s'acquittent pas de leur contribution dans les délais requis ; il en va d'ailleurs de même à l'égard du budget ordinaire. Après avoir connu une forte croissance dans les années 1990, jusqu'à 3,6 milliards de dollars en 1995, le budget des opérations de paix a connu une diminution à partir de 1996 jusqu'à tomber à 907 millions en 1998, puis remonter à nouveau par paliers et passer de 3 milliards en 2004-2005 au chiffre présent ; ce budget est totalement tributaire de la survenance des crises et conflits.

L'Assemblée générale détermine le barème des cotisations des États membres ; leur quote-part est fonction de leurs capacités contributives et s'échelonne depuis la résolution A/55/5.B.C. du 23 décembre 2000 de 22 % du budget ordinaire (part des États-Unis) à 0,001 % pour les pays les plus pauvres. Avant 1977, les quotes-parts s'échelonnaient de 0,2 % à 25 % (États-Unis), puis à partir de 1977, elles passent à 0,01 % pour les plus pauvres. Les États-Unis utilisent leur forte participation budgétaire pour faire pression sur l'Organisation et ils sont volontairement constamment en retard dans le versement de leurs deux catégories de contributions. Par exemple à juin 2002, il y avait un arriéré total de 2,027 milliards de dollars, dont 1, 29 pour le maintien de la paix et 661 millions pour le maintien de la paix ; l'arriéré des seuls États-Unis correspondait à 1,117 milliard de dollars, dont 645 millions pour le maintien de la paix ; au 7 octobre 2005, sur 739 millions d'arriérés pour le budget ordinaire, 606 sont dûs par les États-Unis et sur 2,1 milliards de dollars à percevoir au titre du maintien de la paix, 607 leur sont imputables. Ils ont donc obtenu une diminution de leur part, ce qui à la fois rend encore plus difficile l'équilibre du budget et d'un autre côté, laisse l'Organisation moins dépendante de l'hyper puissance mauvaise payeuse. Pour la période 2004-2006, le barème établi par la résolution A/58/1 B du 23 décembre 2003 prévoit une part de 22 % pour les États-Unis contre 25 % auparavant, 19,468 pour le Japon, 8,662 pour l'Allemagne, 6,127 pour le Royaume-Uni, 6,030 pour la France, 4,885 pour l'Italie, 2813 pour le Canada, 2,520 pour l'Espagne, 2,053 pour la Chine et 1,796 pour la Corée du Sud ; la Russie est 14e avec 1,1 %, derrière les Pays-Bas et le Brésil, juste devant la Suisse. On constate que les membres permanents du CS ne sont pas nécessairement les plus importants contributeurs. Pour le budget extraordinaire, le barème est plus complexe. Les États sont répartis en dix catégories avec un renforcement de la part des membres permanents du CS ; ainsi les États-Unis cotisent à hauteur de 26,5 % (contre 30 % avant la réforme de 2000).

L'Organisation est en permanence dans une situation financière désastreuse dès lors que nombreux sont les États en retard dans le versement de leur contribution. Du moins aujourd'hui ne contestent-ils plus le bien fondé des contributions au maintien de la paix, contrairement à ce qui s'est produit à partir de 1956, certains États (France, URSS et démocraties populaires) contestant notamment le pouvoir de l'AG d'établir le budget des opérations de paix, le CS devant être selon eux seul compétent puisque responsable principal de ce domaine. Avant 1956, le financement des opérations de paix, de modeste ampleur, se fait au moyen du budget ordinaire. Mais à partir de 1956, sont créées successivement deux grosses opérations : la FUNU I entre Israël et l'Égypte (1956-1967), puis l'ONUC au Congo (1960-1964) ; à partir de là naît la pratique des budgets individualisés et, de la part de certains membres, la contestation de l'obligation de les financer. Afin de débloquer la situation, l'AG a sollicité l'avis de la CIJ. Dans son avis du 20 juillet 1962 relatif à certaines dépenses des Nations unies, la Cour estime qu'il s'agit de dépenses de l'Organisation auxquelles tous les membres sont tenus de contribuer. La crise mettra toutefois plusieurs années à se résorber. Une fois que la Chine communiste a été représentée par le gouvernement communiste, celui-ci, contestant la conformité à la Charte des OMP a refusé de contribuer entre 1971 et 1982.

2. Les attributions intéressant l'accomplissement de la mission de l'Organisation

Elles s'exercent dans tous les domaines de compétence de l'Organisation et peuvent déboucher sur des recommandations. Des difficultés sont apparues dans le domaine du maintien de la paix, pour lequel, on l'a vu, l'Assemblée n'exerce qu'une compétence subsidiaire par rapport à celle du CS. Or, dans le climat de guerre froide, à la fois le CS se trouve fréquemment bloqué par l'usage du veto et parallèlement, du moins dans les premières années de fonctionnement de l'ONU, le camp occidental bénéficie d'une majorité à l'AG.

Dans la pratique les pouvoirs de l'Assemblée sont alors étendus sans révision formelle de la Charte. C'est la guerre de Corée qui provoque ce glissement. Une fois que l'URSS revient siéger au CS en août 1950, il est évident qu'elle mettra son veto à l'adoption de toute nouvelle résolution intéressant cette affaire. De manière à éviter la paralysie de l'ONU est alors adoptée, sur proposition du secrétaire d'État américain Dean Acheson, la résolution 377, « Union pour le maintien de la paix » (appelée aussi résolution Acheson), le 3 novembre 1950. Elle dispose que lorsqu'en cas de menace pour la paix, rupture de la paix ou acte d'agression, le CS « manque à s'acquitter de sa responsabilité principale dans le maintien de la paix […] du fait que l'unanimité n'a pu se réaliser parmi ses membres permanents », l'Assemblée peut se saisir de la question et faire des « recommandations appropriées sur les mesures collectives à prendre, y compris […] l'emploi de la force armée ». La résolution crée une Commission d'observation pour la paix susceptible de faire rapport sur toute situation menaçant la paix internationale (supprimée en 1982) et une Commission chargée des mesures collectives pour étudier les mesures à prendre. Elle recommande aux membres d'entretenir des forces armées prêtes à servir dans des unités de l'ONU. Cette résolution n'est guère conforme au système de maintien de la paix mis en place par les chapitres VI à VIII de la Charte.

La résolution 377 est peu utilisée dans l'affaire de Corée, sauf pour recommander un embargo sur les produits stratégiques à l'égard de la Chine et la Corée (résolution 501 du 9 mai 1951). En revanche, elle est en 1956 à l'origine de la FUNU I entre Israël et l'Égypte au moment de l'affaire de SUEZ (*cf.* tome I, p. 59), le Conseil de sécurité étant victime du veto franco-britannique opposé le 30 octobre à un projet demandant le retrait des forces israéliennes d'Égypte. Sur la base de la résolution 377, le CS saisit l'Assemblée le 31 octobre et le 7 novembre 1956 la résolution 1001 crée, avec l'accord des États intéressés entre Israël et l'Égypte la FUNU I (première Force d'urgence des Nations unies, sachant qu'une FUNU II sera créée par le CS en 1974 dans la même zone). Il s'agit de la première force de maintien de la paix, force de casques bleus, puisque c'est à cette occasion qu'il est décidé d'adopter cette couleur pour distinguer les forces onusiennes sur le terrain. L'URSS conteste la compétence de l'AG pour établir cette force aussi bien que son financement (rejointe sur le deuxième point par la France, on l'a vu). C'est pourquoi la question de la conformité à la Charte de sa création devra être abordée par la CIJ dans son avis de 1962 relatif à certaines dépenses des Nations unies. Pour la Cour, cette création est légale car l'article 14 permet à l'AG de prendre des « mesures propres à assurer l'ajustement pacifique de toute situation [...] qui lui semble de nature à compromettre les relations amicales entre les nations »

Par la suite, le CS saisit à six reprises de questions de paix entre 1956 et 1982 l'AG, provocant à chaque fois la réunion d'une session extraordinaire d'urgence de l'organe plénier et quatre des résolutions du Conseil entre 1956 et 1960 visent la résolution 377 alors que l'AG ne fonde aucun de ses textes sur elle. Cependant saisie de l'affaire de l'Afghanistan par une résolution du CS du 9 janvier 1980 muette sur le fondement, elle-même se réfère à la 377 dans le dernier considérant de la résolution qu'elle adopte le 14 janvier 1980. Aucune nouvelle force de paix ne sera créée par l'AG après la FUNU I sur la base de la 377. En 1962, l'Assemblée a certes créé la Force de sécurité des Nations unies en Nouvelle Guinée occidentale, mais dans le cas de la décolonisation (résolution A / 1752). Il est évident que si le fondement juridique de la FUNU I a pu être trouvé dans l'article 14, la constitution de cette force ne correspondait pas moins à une modification de l'équilibre de la Charte en faisant de l'AG un organe d'action en matière de maintien de la paix. Pourtant c'est la FUNU I qui a servi de modèle et de point de départ aux forces de maintien de la paix à proprement parler.

Avec la fin du système des blocs, le curseur de la balance s'est déplacé dans le sens du Conseil de sécurité, devenu, on l'a constaté, non seulement un organe d'action mais aussi un organe de réflexion, alors que ce dernier rôle semblait dévolu à l'Assemblée générale par la Charte.

§3 – Les autres organes

Dans la mesure où il n'existe à l'heure actuelle aucun territoire sous tutelle, le Conseil de tutelle ne retient plus guère l'attention, à la différence du Secrétaire général, du Conseil économique et social et de la Cour internationale de justice.

A. Le Secrétaire général

Le chapitre XV de la Charte est consacré au secrétariat, organe administratif permanent de l'Organisation et dirigé par le Secrétaire général. Ce dernier joue certes un rôle administratif mais aussi un rôle politique délicat.

Le Secrétaire général est élu pour cinq ans renouvelables par l'AG sur recommandation du CS au sein duquel joue le droit de veto, utilisé par exemple à l'encontre du prédécesseur de l'actuel titulaire du poste. Depuis 1945, sept secrétaires généraux se sont succédés :

- Trygve Lie (Norvégien) : conduit à démissionner en 1952 en raison de prises de positions publiques ayant déplu aux grandes puissances, spécialement à l'URSS à propos de la Corée ;
- Dag Hammarskjöld (Suédois) : a joué un grand rôle dans le maintien de la paix, véritable théoricien des opérations de maintien de la paix au vu de l'expérience de la FUNU I, très actif dans l'affaire du Congo où il est mort dans un accident d'avion le 18 septembre 1961 ; prix Nobel de la paix en 1961 à titre posthume ;
- U Thant (Birman) : en place de 1961 (mission temporaire au départ) à 1971 (deux mandats), plus discret que ses prédécesseurs et fin diplomate ;

- Kurt Waldheim (Autrichien) : en poste de 1971 à 1981, à l'image ternie par des révélations sur sa collaboration avec les autorités nazies ;
- Javier Perez de Cuellar (Péruvien) : en poste de 1981 à 1991, un très grand diplomate ;
- Boutros Boutros-Ghali (Égyptien) : professeur de droit titulaire d'un doctorat français, homme politique dans son pays, très actif et très politique, peu apprécié par les États-Unis opposés à son renouvellement et donc titulaire d'un seul mandat de 1991 à 1996 ;
- Kofi Annan (Ghanéen) : élu en 1996, issu de la fonction publique de l'ONU, il s'est révélé très actif et politique ; prix Nobel de la paix en 2001 partagé avec l'ONU elle-même.

Depuis 1998 existe un poste de vice-secrétaire général créé par la résolution A/52/12 B du 9 janvier 1998. Le titulaire est nommé par le Secrétaire général après consultation avec les États membres et son mandat prend fin avec celui du Secrétaire général, qu'il assiste dans ses fonctions. L'actuel vice-secrétaire général est Louise Fréchette (canadienne).

Le Secrétaire général est le responsable administratif de l'ONU dont il nomme le personnel conformément aux règles établies par l'AG. Il rédige un nombre impressionnant de rapports, notamment un rapport annuel sur l'activité de l'Organisation.

Sa mission est aussi politique, ne serait-ce qu'en vertu du pouvoir que lui confère l'article 99 de saisine du CS sur toute affaire susceptible de mettre en danger la paix. Le Secrétaire général n'utilise guère, formellement, cette disposition. Il joue cependant un rôle politique considérable en matière d'aide à la résolution des conflits et aussi parce que c'est lui qui supervise les opérations de maintien de la paix. Sa tâche est délicate car il doit veiller à préserver son indépendance par rapport aux États, en particulier les grandes puissances et en même temps, il ne doit pas les indisposer sous peine d'être paralysé, privé de moyens. Il se doit aussi d'être irréprochable et l'opinion est souvent moins indulgente à son égard qu'à l'égard d'autres responsables car il incarne un peu la communauté internationale.

B. Le Conseil économique et social (ECOSOC)

Il est l'organe de la coopération économique et sociale.

Doté au départ de 18 États membres élus pour trois ans par l'AG, il a été élargi à 27 membres par un amendement à la Charte de décembre 1963, puis à 54 membres par un amendement de décembre 1971 entré en vigueur en septembre 1973.

Il prépare les accords entre les Nations unies et les institutions spécialisées et coordonne l'activité de ces dernières.

Il provoque et peut faire des études sur toutes les questions économiques et sociales et celles relatives aux droits de l'homme, prépare des projets de conventions dans ces domaines et peut organiser des conférences internationales. Il coopère avec les ONG (article 71 de la Charte), dont bon nombre disposent d'un statut d'observateur auprès de lui.

L'ECOSOC peut créer des commissions, organes subsidiaires (article 68), procédé qu'il a beaucoup développé, notamment avec la création de cinq commissions économiques régionales (Afrique, Amérique latine, Asie, Asie occidentale, Europe), instruments d'études et de concertation.

Il a provoqué l'adoption de la Déclaration universelle des droits de l'homme votée par l'Assemblée générale en 1948 et celle de nombreuses autres conventions dans ce domaine des droits de l'homme, dont le Pacte sur les droits civils et politiques et celui sur les droits économiques, sociaux et culturels adoptés en 1966 et entrés en vigueur en 1976. Le protocole facultatif se rapportant au Pacte sur les droits et civils et politiques a créé un Comité des droits de l'homme auquel les particuliers ont accès et qui constitue un organe non juridictionnel mais cependant efficace de protection des droits de l'homme. D'autres mécanismes comparables sont liés à d'autres conventions spécifiques (lutte contre la discrimination raciale, la torture, protection des travailleurs migrants).

La commission des droits de l'homme, organe subsidiaire de l'ECOSOC a été très décriée du fait d'une politisation, relevée par le Secrétaire général lui-même dans son rapport pour 2005

(A/60/1, août 2005, §191), qui l'empêche de dénoncer les États violateurs des droits de l'homme. Le document final du sommet mondial de 2005 prévoit la création d'un Conseil des droits de l'homme (résolution A/60/1, §157-160) pour remplacer la Commission. Ce Conseil est créé le 15 mars 2006 par l'AG (Res. A/60/251).

C. La Cour internationale de justice

Elle est directement instituée par le chapitre XIV de la Charte à laquelle son statut est annexé.

Juridiction permanente siégeant à La Haye, elle est composée de quinze membres élus pour 9 ans par le Conseil de sécurité et l'Assemblée générale sur la base d'une liste de présentation établie par les États (article 4 du statut). Ce sont des magistrats indépendants et il ne doit pas y avoir au sein de la Cour plus d'un juge d'une même nationalité. Lorsqu'un État partie à un litige devant la CIJ ne dispose pas de juge national, il peut désigner pour cette affaire un juge *ad hoc*, n'ayant pas forcément sa nationalité. La possibilité de juge national et de juge *ad hoc* facilite le recours à la CIJ.

La Cour exerce des attributions contentieuses en cas de différend entre États ; elle est alors saisie par les États et rend des arrêts ayant force obligatoire, de chose jugée. Elle a aussi une compétence consultative. Peuvent demander des avis consultatifs le Conseil de sécurité, l'Assemblée générale ainsi que d'autres organes des Nations unies et des institutions spécialisées après autorisation de l'AG. Ces avis sont purement indicatifs mais en raison de leur grande autorité liée à la qualité du travail effectué par la Cour, ils sont intégrés dans la jurisprudence de la Cour.

Les individus n'ont pas d'accès direct à la CIJ mais un accès indirect grâce au mécanisme de la protection diplomatique exercée par les États.

Le recours à la CIJ n'est pas obligatoire ; cependant les États peuvent se lier à cet égard par traité ou en formulant la déclaration facultative de compétence obligatoire de la Cour prévue à l'article 36, §2 du statut, susceptible d'être assortie de réserves, qui parfois en vident le sens.

L'activité de la CIJ est aujourd'hui considérable et une visite de son site internet à partir de celui des Nations unies (un.org) permet aisément de s'en rendre compte. On peut noter qu'à plusieurs reprises, elle a été amenée à engager la responsabilité des États-Unis (ou d'autres grandes puissances) sur demande d'États petits ou moyens. Elle est donc à la fois l'organe qui dit le droit et sa contribution à la détermination du contenu de la coutume internationale notamment est remarquable, mais aussi un organe égalisateur de puissance. L'optimisme en ce domaine doit toutefois être tempéré car les États (États-Unis, France) gênés par telle ou telle décision de la CIJ n'hésitent pas à dénoncer leur déclaration de l'article 36, §2.

L'ONU est souvent critiquée pour son impuissance et sa mauvaise gouvernance. Elle sert de bouc émissaire aux États qui par ailleurs répugnent à lui donner des moyens de fonctionnement corrects et ne versent pas régulièrement leurs contributions financières, aussi obligatoires que modestes. L'Organisation est très dépendante des États. Elle ne peut organiser une force de paix que s'ils veulent bien contribuer et elle s'est trouvée très démunie au moment du génocide au Rwanda lorsque certains États ont retiré leurs casques bleus sans que d'autres veuillent prendre le relais. L'ONU n'est certainement pas un modèle de vertu ni d'efficacité, à l'image des autres acteurs, mais jugée à l'aune des moyens dont elle dispose, elle ne mérite pas les appréciations trop souvent négatives portées à son égard. Elle constitue un forum unique pour tous les États qui d'ailleurs ne la quittent pas, mais aussi de plus en plus pour la société civile à travers les multiples ONG qui lui sont liées. Le rapport du Secrétaire général pour 2005 consacre des développements importants précisément aux partenariats de l'Organisation avec la société civile et le monde des entreprises (A/60/1, §280 à 295). Ce document annuel constitue d'ailleurs un bon reflet de l'activité multiforme des Nations unies.

Bibliographie sommaire

Manuels

Boniface Pascal, *Les relations internationales de 1945 à nos jours*, Dalloz, 2005.

Daillier Patrick et Pellet Alain, *Droit international public*, LGDJ, 7e édition, 2002.

Decaux Emmanuel, *Droit international public*, Dalloz, collection « Hypercours », 4e édition, 2004.

Dupuy Pierre-Marie, *Droit international public*, Précis Dalloz, 7e édition, 2004.

Duroselle Jean-Baptiste, *Histoire des relations internationales de 1919 à 1945*, Armand Colin, 12e édition, 2001.

Duroselle Jean-Baptiste et Kaspi André, *Histoire des relations internationales de 1945 à nos jours*, Armand Colin, 13e édition, 2002.

Guilhaudis Jean-François, *Relations internationales contemporaines*, Litec, 2e édition, 2005.

Roche Jean-Jacques, *Relations internationales*, LGDJ, 3e édition, 2005.

Sur Serge, *Relations internationales*, Montchrestien, 3e édition, 2003.

Vaïsse Maurice, *Les relations internationales depuis 1945*, Armand Colin, collection « Cursus », 9e édition, 2005.

Dictionnaires

Macleod Alex, Dufault Évelyne, Dufour Guillaume, *Relations internationales, théories et concepts*, Québec, Athéna éditions, 2e édition, 2004.

Smouts Marie-Claude, Battistella Dario, Venesson Pascal, *Dictionnaire des relations internationales*, Dalloz, 2003.

Recueils de textes

Dupuy Pierre-Marie, *Les grands textes de droit international public*, Dalloz, 4e édition, 2004.

David Éric et Van Assche Cédric, *Code de droit international public*, Bruxelles, Bruylant, 2003.

Jurisprudence

Tchikaya Blaise, *Mémento de la jurisprudence du droit international public*, Hachette, Les Fondamentaux, 3e édition, 2005.

Index

Table des matières